ちくま学芸文庫

料理山海郷／料理珍味集

博望子

原田信男 訳

筑摩書房

はじめに

本書には、『料理山海郷』と『料理珍味集』を収めたが、両書は江戸中期の一八世紀中葉に京都で刊行された料理本で、共に博望子なる人物の著作である。『料理物語』の刊行に象徴される近世料理史の黎明《れいめい》は、「庖丁きりかたの式法によら」ない自由な料理法の模索を前提とし、近世を通じて日本料理は独自な展開を遂げた。元禄期には百科全書的な大部の料理書が続出して、その体系化がほぼ整い、享保から宝暦・天明期にかけて、〝遊び〟の要素を持つ料理文化が開花し、化政期以降に、その爛熟期を迎えた。

『料理山海郷』と『料理珍味集』とが、ちょうど宝暦（一七五一～六四）という年号の始まる前と終わりの年に刊行された点が特に興味深い。共に江戸中期の転換期に出現した料理書で、ここでは料理を何らかの自然的もしくは文化的な事象に見立てるという点に特徴がある。豊富な全国各地の名産品を素材に用いて、料理に地方名を冠するとともに、見立てを通じて雅名を付し、料理を観念的に楽しむという趣向が顕著となっている。料理を単なる味覚というレベルから一歩進めて、視覚と知識による満足を要求している点が最大の特色といえよう。こうした意味において、『料理山海郷』と『料理珍味集』とは、近世後期における料理文化の展開にとって重要な位置を占めた料理書となっている。

享保から宝暦・天明に至る時代は、近世幕藩制社会が大きく変質し、三大改革に着手せざるを得なくなった時期であるとともに、近代的な市民社会の萌芽が徐々に胚胎《はいたい》しはじめた時代でもあった。そうしたなかで、近世の料理文化がしだいに熟成されていったが、各地の料理法や地方の名産を自由に駆使し、料理を何かに見立てて雅名を付すという行為は、その後の百珍ブームを明らかに準備するものであった。料理に〝遊び〟の要素をもたらした『料理山海郷』と『料理珍味集』は、近世の料理文化を新たな段階に導いたもので料理書というよりは料理本と呼ぶ方がふさわしい。

両書の現代語訳にあたっては、できる限り原文に忠実な訳を試みたが、場合によっては語順を若干変えたり、適当な言葉を補ったりしたところもある。料理用語などについては、ある程度の用語の統一を図ったが、なるべく原典の形を尊重し、注に説明を回すことに努めた。数量などに限って現行単位に換算して（　）内に注記して便宜を計り、原典における割注部分については、訳文中に〈　〉で示した。また見出し語は、検索しやすいようにゴシック体を用い、注は各項目のすぐ後に付した。なお、巻末に索引を設けたので、注ともども広く利用されることを望みたい。

最後に、調理の専門家でもなく一介の歴史研究者にすぎない著者が注を草するにあたって材料もしくは具体的な料理法の部分で伝承料理研究家奥村彪生《おくむらあやお》氏の御教示を得たことを感謝したい。ただし、その内容についての最終的な責任は訳者にあることをおことわりしておきたい。また、本書が成るにあたって一寸社の会田紀雄氏の多大な御尽力があったことを記して共に感謝の意を深く表したい。

原田信男

目次

巻之四

巻之一

巻之二

巻之三

＊原書では、それぞれ巻の冒頭に目録が添えられているが、ここでは便宜上、ここにまとめて二冊分を示すこととした。

料理山海郷

序

昔は塩梅《あんばい》の和をもって良さのはかりとした。五味[1]はよく五行[2]を分ける。足曳《あしひ》きの山の芋も、荒金の土生姜《つちしょうが》も、その料理人の手先の技術《わざ》によって美味となる。荒潮《あらじお》の潮《うしお》の八百路《やおじ》の鳴門《なると》の鯛《たい》や、葦辺《あしべ》をさして鳴く雁《がん》のたくわえもの、それを調理することで、そのもてなし草も繁げる『山海郷』の序文に、私の言葉を添えよとの希望があった。そこで、おろおろと筆をとり、その熟練の技をほめるというわけである。

1五味 基本となる五つの味をいう。甘（あまい）・酸（すっぱい）・鹹（しょっぱい）・辛（からい）・苦（にがい）のこと。

2五行 中国の陰陽五行説にもとづく万物組成の五つの元素、木・火・土・金・水を意味する。木は植物、火は熱体、土は大地、金は鉱物、水は液体を表す。

寛延己巳《つちのとみ》（一七四九）年の春

園趣堂主人書　印

料理山海郷　巻之一

桑名時雨蛤《くわなしぐれはまぐり》[1]

小蛤のむき身をざっとゆでて笊籬《いかき》[2]にあげ、水をよく切る。赤味噌のたまり[3]を煮立てて、山椒《さんしょう》の皮を短冊《たんざく》に切ったものと麻の実を入れ、右の蛤を入れて、煮汁がなくなるまで煮る。

1 **桑名時雨蛤**　桑名はかつての蛤の名産地で、『毛吹草』にも、伊勢国の名産品の一つに「桑名蛤」が見える。焼き蛤のほか小蛤の佃煮《つくだに》、時雨煮が古くから知られた。時雨煮はたまりで煮るのが常法で、短時間で煮汁を煮つめて仕上げる。香りづけに土生姜《つちしょうが》を用いるとよい。

2 **笊籬**　ザルのこと。七八頁の注参照。

3 **たまり**　醤油以前に用いられた調味料で、大豆のみを原料としたタマリ麹《こうじ》に塩水を加えて醗酵《はっこう》させた味噌の溜り液のこと。

仙台煮《せんだいに》[1]

昆布だしで垂れ味噌[2]を仕かける。梅干を客一〇人に六個の割合で用意し、別に煎《せん》じて酸味を取る。この煎じ汁を右の味噌に加えて摺《す》る。これで、どんな魚でも普通に煮ればよい。出すときに生姜の絞り汁を少し入れる。

1仙台煮　『四季料理献立』にも同名の料理があり、こちらは鮭の煮付けで奥州煮ともいうとある。魚の煮付けに梅干を入れるのは、生臭さをとり、醬油の塩辛さを押さえるためである。

2垂れ味噌　三一頁「垂れ味噌」の項参照。

[1]沖鱠《おきなます》　鰹《かつお》を適当な大きさに切り、火当て〈火当てというのは、藁《わら》を燃やして魚を火に当てて色が変わるくらいにさっと焼いてから水につけることである〉にして、刺身のように造って塩をする。頭も中骨もみなよく焼いて細かくたたき、右の身と一緒にして潮《うしお》でよくもみ、また潮でよく洗って使う。魚はなんでもかまわないが、最もよいのは鰹である。

1沖鱠　沖でとった魚をたたき鱠（魚を三枚におろし、味噌を加えて細かくたたいて食べる料理。魚をたたいて、それを酢醬油あるいは生姜醬油で食べてもよい）にして食べる料理。『古今料理集』に「沖にて小さかなを取、打よりてめつた作りにして、とりあへずあへて味あふ」とある。ここでは、海水で洗うところから沖鱠と命名している。

南京《ナンキン》汁

味噌汁へ玉子を摺り混ぜて入れ、煮立ったところへ油で炒めた豆腐のおからを加える。

豆腐香の物[1]

豆腐をざっとゆでて絞り、塩と葛を加える。奈良漬の粕に、四角でも丸いものでもいいから、これを突きたてて穴をあける。その穴に突き込んだところへ、布を巻いてまた突き込む。この布を穴の中に残しておいて、そこに右の豆腐を突きさし、口をねじって粕をかぶせておく。出すときは布ごと出し、切って食べる。

1 **豆腐香の物**　豆腐の粕漬。簡単につくるには、ゆでてよく水切りして、ガーゼに包んで漬ければよい。味噌漬や麴漬にしてもよい。沖縄のトウフヨウは麴と泡盛の豆腐漬である。

蕗和《ふきあ》え[1]

蕗の葉を湯煮してよくしぼり、胡麻《ごま》味噌を混ぜて摺る。何を和えてもよい。

1 **蕗和え**　いうなれば蕗の葉味噌和え。蕗味噌といえば、ゆでて灰汁《あく》抜きをした蕗の薹《とう》を細かく刻んで味噌に混ぜたなめ味噌をいう。

袋茄子《ふくろなす》

大茄子のへたを取り、切り口から茄子の中身をくりぬいて味噌を入れる。味噌は、それぞれの好みによって何味噌でも入れ、切り口に葛の粉をひき、へたで蓋をし、かんぴょうでよくくくる。水に醬油をごく少量加え、煮立て、この中に先の茄子を入れてよく煮る。汁を沢山にして茄子が浮くくらいがよい。

吹上げ

魚の摺り身を鰹のだしでゆるめ、芋《いも》を多めに摺り入れる。これを焼き塩[1]で加減して鍋に仕かける。ふわふわ[2]のように、上に盛り上がったところを鍋ごと持ち出して食べる。醬油と玉子を加えるのもよい。好みにまかせるべきである。

1焼き塩　「花塩」の項（二六頁）参照。

2ふわふわ　だし汁を加えた搔き玉子のことで、すでに『料理物語』に「玉子ふわふわ」の料理法が見える。なお、『豆腐百珍』には、玉子と豆腐を半々に混ぜ、摺り合わせて、ふわふわ煮にして胡椒《こしょう》の粉をふって食する「ふわふわ豆腐」の製法が記されている。

鰯汁《いわしじる》

鰹だしですまし汁をつくっておく。大根を大きめにささがいて入れるとよい。これに赤《あか》[1]鰯《いわし》をよく洗って入れる。ただし、鰯を切って入れるのは遅いほどよく、早くから入れると塩辛くなってよくない。

1赤鰯　塩漬けした鰯で赤みを帯びたもの。

千鳥《ちどり》

もち米の寒ざらし粉[1]を四合に、うるち米の粉一合と味噌一合をよく擂り、固めにこして、山椒の粉二匁（七・五グラム）と砂糖を少し混ぜ、醤油一合二勺（二一六cc）くらいを入れ、素早く均一にこね合わせて蒸す。罌粟《けし》を少し入れて、さましてからうどん粉を打ち粉にして、のばして切って食べる。

1寒ざらし粉　寒晒粉。糯米《もちごめ》の粉を寒水に晒《さら》したもので、白玉粉ともいい、団子や菓子などの原料として用いられる。古く河内の勧心寺《かんしんじ》でつくられたものが有名で、勧心寺粉ともいう。

よごれ漬

煎酒を作っているところ。鍋の酒に火がついている（『画本柳樽』）。

大根を糠《ぬか》味噌に二、三日漬けて取り出す。醤《ひしお》と甘酒の粕を少し入れてよく擂り合わせて漬けておき、二、三日経ってから食べる。

美淋酢

梅の肉で煎酒《いりざけ》[1]を仕立て、絹ごしにする。ねっとりとしたものである。

1 **煎酒**　調味料として、古くから鱠・酢の物・刺身などに用いられた。『料理物語』には、煎酒の製法として、鰹だしの汁一升に梅干十五～二十個ほど入れ、古酒二升および水とたまり少々を加え、一升まで煮つめたものをさますとある。

早枇杷《はやびわ》

玉子を煮抜きして（ゆでて）白身を取り、黄身だけを積んで盛る。搔敷《かいしき》[1]に枇杷の葉を用いる。

1搔敷　改敷・皆敷。料理を器に盛るときに下敷きにするもの。玉子の黄身を枇杷に見立て葉の搔敷で、その黄身を引き立たせる。

海老《えび》[1]かね

伊勢海老の身をたたいて擂《す》り、中へ種々の加薬[2]を入れて寄せ、油で揚げ、ねぎを加えて煮る。

1海老かね　えびがねのことで、伊勢海老の異称。

2加薬　主要の薬に加える補助の薬品の意で、牛鳥鍋などに入れる野菜や五目飯などに混ぜる具などの薬味のこと。

霜降り[1]

菊の葉でも菜の葉でも、魚の擂り身をつけてゆで、上置き[2]やすまし汁などに用いる。

1霜降り　菊の葉につけた白身魚の擂り身を、葉に降った霜に見立てている。

2上置き　飯や蕎麦《そば》・うどんなどの上に、調理した野菜や肉・魚などを置き添えること。

越前いり和え

酢に醤油を少し加えて、大根を大きくささがいて煮る。魚類をよく焼いて細かくたたき、右の中に入れ、火を消して蒸らす。温かい鱠《なます》[1]と思えばよい。

1温かい鱠　煮鱠のこと。

魚鳥《ぎよちよう》味噌

白味噌を酒で溶き、鳥の毛を取って丸のままを入れて連日煮る。綿のようになったところで、それをたたき、醤油でまた煮る。分量は、鳩《はと》一羽に酒一升（一・八リットル）。鴨《かも》・鳩・雀《すずめ》・鶉《うずら》の類がよい。魚味噌も右に同じ分量だが、鮒《ふな》一匹に酒一升である。鯛・鯉・鮒がよい。

玉子煎酒《いりざけ》

酒を鍋で酒気がなくなるまで煮て、ゆるく溶いた玉子と葛を少し入れ、かきまわして煮る。とろりとしたところで、鱒《ます》や鰤《ぶり》などにかける。

日野煮

大根を風呂吹きに煮て、梅が香[1]をまぶす。

1梅が香　梅鰹ともいう。いくつかの製法があるが、梅肉を古酒と鰹のだしで煮つめ、山椒の実を混ぜ、煎《い》って乾かしたもの。

光悦煮《こうえつに》

豆腐の布目を取り、田楽の形より厚く短冊に切り、塩にまぶしてきつね色に焼く。鍋に酒を入れ、酒気がなくなる程度に沸かしてから、右の豆腐を入れて煮る。

花塩

塩一升に水一升五合（二・七リットル）の割合。土用[1]のうちの風のない日につくる。塩をよく干し、からずり[2]にして細かい目の絹切れに入れ、水一升五合をかけてこす。こし終わらなければ、また下の水をかけてこす。朝から晩まで陰にならないところに、この塩水を大きな鉢《はち》に入れて傾かないようにして出しておく。昼すぎになって泡が下から上がるのを箸で取って盆へのせる。これが、すなわち花塩である。一升の塩から二合ほどしかできない。焼き塩[3]の花塩とは違うものである。

1土用　立夏・立秋・立冬・立春の前の十八日をそれぞれ土用といい、年に四度あるが、一般には立夏の前の夏の土用をいう。

2からずり　ここでは塩を摺ることの意。

3焼き塩の花塩　焼き塩とは純白のさらさらした食卓塩のことである。昔は製塩土器で大量につくられる粗塩を、各家庭で必要に応じて少しずつ焼いて使われた。この焼き塩をつくるための容器が焼き塩壺で、中世末頃から、泉州堺で専門につくる店があらわれ、全国に普及した。焼き塩壺の形はさまざまであるが、だいたい七〜一八センチ程度の大きさで、近世遺跡から出土することが多い。この塩壺の代わりに、梅や桜などの花形の容器を用いて焼き固めたのが焼き塩の花塩である。

早餅《はやもち》

普通の冷や飯を汁椀に一杯分ほど摺り、それと同量の葛を入れて、またよく摺って湯煮する。これを大豆の粉[1]につけて食べる。味噌汁にもよい。

1大豆の粉　きな粉のこと。

味噌松風[1]

うるち米の粉四合に砂糖八十匁（三〇〇グラム）と味噌百匁（三七五グラム）、醬油少々を入れ、よく蒸す。搗き合せた上で平らにして布目につける。これを上下とも焼き、切って食べる。

1松風　松風は代表的な干菓子の一種で、茶の湯で好んで用いられた。小麦粉に砂糖と水飴を混ぜ、水で溶きのばしたものを、鉄板鍋で強く焼くため、焦げ色のついた表面には小粒の泡立ちができる。表に比べて裏に模様がないため、「うらさびし」の連想から松風と称したと伝えられる。なお、片面に青海苔《あおのり》や罌粟《けし》の実などをふりかけて焼く場合もある。

越後《えちご》鮭塩引き

生鮭のえらとわたを取り、うろこはそのままにして、よく塩をして十日ばかりおく。塩がゆきわたった後、苞《つと》にして藁《わら》で巻き、風通しのよいところに吊しておく。十五～二十日過ぎたら上塩を洗い落とし、逆さまに吊って水気を切り、その後また苞にして風通しのよいところに吊しておく。塩出しをし、蒸して葛をかけて食べる。蒸せば塩は抜けてしまう。

塩筋子《すじこ》

[1]筋子でもはらごでも、塩をしてからだぶつくくらいの酒に漬けておけば、生のようになる。

1筋子　筋子は鮭の腹から薄い膜に包まれたまま取り出して塩をしたもの。はららごは、筋子をバラバラにして塩をしたもので、今にいうイクラがこれに当たる。水につけて塩抜きすると白く変色する。

どぶ汁[1]

ねぎの白いところだけをよく摺り、味噌を混ぜて、さらによく摺る。汁にして、鯛を切り入れて食べる。

1どぶ　どぶとは酒粕を摺りのばしてとろとろにし、煮返したものをいうが、ここではねぶか（葱）を摺って汁にしている。同じように見えるところからの命名と思われる。なお、ねぶか汁については『料理物語』にも、味噌を濃くしてだしを加え、一塩の鯛を加えるとよい、とある。

伊勢《いせ》赤味噌

大豆をよく洗い、しわがのびるまで水に漬けておく。これを甑《こしき》[1]で朝から蒸し、一晩甑に入れたまま、釜の下に炭火を入れておく。翌朝再び蒸した後、臼《うす》に入れて搗《つ》いて、むしろに広げ、細かく砕き、よくさまして寝かせ、麴花《こうじばな》[2]をつける。寒いときは一斗をむしろ一枚に広げ、暑いときは一斗をむしろ一枚半分にする。麴花がついたらもみ砕き、日に干し、よくさまして仕込む。砕いたものをはかって、一斗に塩四升（七・二リットル）、水七升（一二・六リットル）の割合とする。よくこね合わせて四、五日して味噌の上が乾いたら中のほうを掘り、竹の簀《す》を立ててその中のたまりを上にかける。二十日ほどしてたまりもなくなったときに、小合わせといって、右の味噌を臼でよく搗き、もとの桶に入れ、3傘紙《かさがみ》で蓋《ふた》をし、小石を所々に重石として置くと、七十五日過ぎには熟れる。二、三年越えた味噌はことのほかよいものである。

1甑　炊具の一種。穀類を炊く道具で、強飯《こわめし》などを炊いた。もとは土製で、底に細い穴があったが、後に木製となり、底には竹の簀を敷いた。江戸期には蒸籠《せいろう》に同じ。

2麴花　米・麦・大豆などの原料に繁殖した麴カビのこと。麴のカビを花と称することから、糀とも書く。

3傘紙　和紙に柿渋を塗った防水性の強い紙で番傘《ばんがさ》などに用いる。

待ちかね

右の味噌の小合わせ[1]のときに下へ糠《ぬか》を敷いておく。赤味噌を使い終わらないと、この糠味噌を使うことができないので、この名がついた。[2]色が赤く、風味がよい。この味噌を早く使おうとするならば、布を袋に縫い、糠を入れて紐《ひも》をつけ、小合わせのときに赤味噌の中に入れておいて、百日過ぎたら紐を引き出して使う。

1小合わせ 少量の合わせ味噌をすること。前項「伊勢赤味噌」参照。

2この名がついた まだか、まだかと待ちかねる、あるいは、糠を敷くところから、ぬかにかけてこぬかこぬかと待ちかねるといった。まちかね（待兼）は女房詞で小糠のこと。

煮山椒《にざんしょう》

干山椒を粉にして練り、味噌・酒・醬油の三種を山椒と同量入れて煮る。衣にうどん粉をかけて、焙炉《1ほいろ》にかける。

1焙炉 焙炉は助炭、はしゃげとも称し、底に良質の厚紙を張った乾燥器で、炭火を用いて茶・ノリ・ワカメなどをあぶるのに用いる。

垂れ味噌

赤味噌を水煮にして、塩がなくなるくらいに煎じ、布でこして用いる。

寄せ鴨

鴨の身だけをよくたたいて摺《す》り、一すくいずつ蒸し、葛あんをかける。

秩父田楽《ちちぶでんがく》[1]

豆腐を普通の田楽のように焼き、からしを水に溶いて薄く一遍つけて焼き、乾かして葛だまりをかける。

1 秩父田楽　秩父の芋田楽・味噌田楽は古くから有名だった。

菊閉じ[1]

菊の花の、黄・白・赤・紫のいずれも、細い桶《おけ》に、かなりたくさんの花をむしり入れる。花のかさが一尺（三〇センチ）くらいなら三、四分（約一センチ）になるように押し漬ける。右の三、四分に押し漬けたものを、適当な大きさに切り、一切れずつ上等の美濃《みの》紙に包み、また上下から赤味噌で漬けておき、重石《おもし》を軽くかけておく。入用のときに一包みずつ出して使う。ただし、下漬けのとき、花をむしってふり塩をし、かなり強い重石をする。塩水が出るが何度も水を捨てる。

1 菊　古くから食用とされてきた。現在、食用菊として栽培されている有名な品種に「阿房《あぼう》宮《きゅう》」がある。青森県八戸付近の特産品で、観賞用の菊と違って苦味がなく、浸し物や和え物にして美しい色彩と香り、そして歯ざわりを楽しむ。菊海苔は、この「阿房宮」の花びらを蒸して陰干しにし、干し海苔状にしたものである。このほか食用菊には、「もってのほか」「かきのもと」「おもいのほか」などがあり、山形県や新潟県などで栽培されている。

三ツ山漬

刺鯖《1さしさば》を刺身のように造り、骨は四、五分(一・二〜一・五センチ)くらいに切り、頭は薄く切って一緒にする。鯖と塩と麴の三種を別々に、同分量に盛り分けてから一緒に混ぜ、古酒を加えて漬ける。

1刺鯖 鯖を背開きにして塩干ししたもの。二枚重ねて刺し、それを一刺しといった。

白玉焼《しらたま》

鱧《はも》の摺り身に、摺った山の芋を少し入れる。魚は普通のようにするが少しやわらかにして焼き塩で加減する。色の白いことが肝心である。土器《かわらけ》に入れ、油を塗らずに杉の曲物《まげもの》の蓋をして焼く。

砂《さ》糖麩《とうぶ》

うどん粉に砂糖を混ぜ、豆腐を少し入れて甘酒でこねる。これを平らにして、賽《さい》の目に切ったくるみを包み、丸くして油で揚げる。

酢漬

生の小魚を粒のように切り、酢を煎じて塩を加えたところにすぐに漬ける。この場合、生きた魚でなくては具合が悪い。

粟《あわ》包み

糯粟《もちあわ》を漬けておいて麩に包み、藁《わら》をはかま[1]にして口をくくる。これを醤油で味をつけ、小口を切り取る。

1はかま　袴。草の茎を巻いて被《おお》う皮のことを袴と称するが、ここでは苞《つと》状の意。

琴[1]の音

摺り物にくちなしを入れて色をつけ、甑に薄くのばして蒸し、罌粟《けし》をふり、松風のように切って、引[2]物や取肴《とりざかな》[3]として用いる。

1 琴の音　琴曲「松風」をふまえてつけられた名か。なお、松風については、二八頁の注を参照のこと。

2 引物　酒宴の膳に添えて出す肴や菓子類のことで、鉢盛などにして銘々で取りかわす。また引出物に同じ。もとは主人から家臣へ下賜品を引物と称したが、後には五の膳にあたる台引物を意味し、箸《はし》をつけずに持ち帰るみやげ料理を指すようになった。

3 取肴　饗応膳《きようおうぜん》の最後に出す酒の肴のことをいい、主人の心づくしの物で、特別の珍味などが供される。

千枚漬
紫蘇《しそ》の葉を何枚も多く重ねて塩漬けにする。押しを重くかけて厚さ二分（六ミリ）くらいになるようにし、四方を切り取る。肴や香の物として用いる。

榧酒《かやざけ》
上等の榧を煎って渋皮を取り、さらに色がつくくらいまで煎りさまして、刻んでから擂《すり》鉢《ばち》でよく摺る。これを酒でのばしてこし、温めて用いる。榧《かや》二百個に酒一升（一・八リットル）の割合とする。

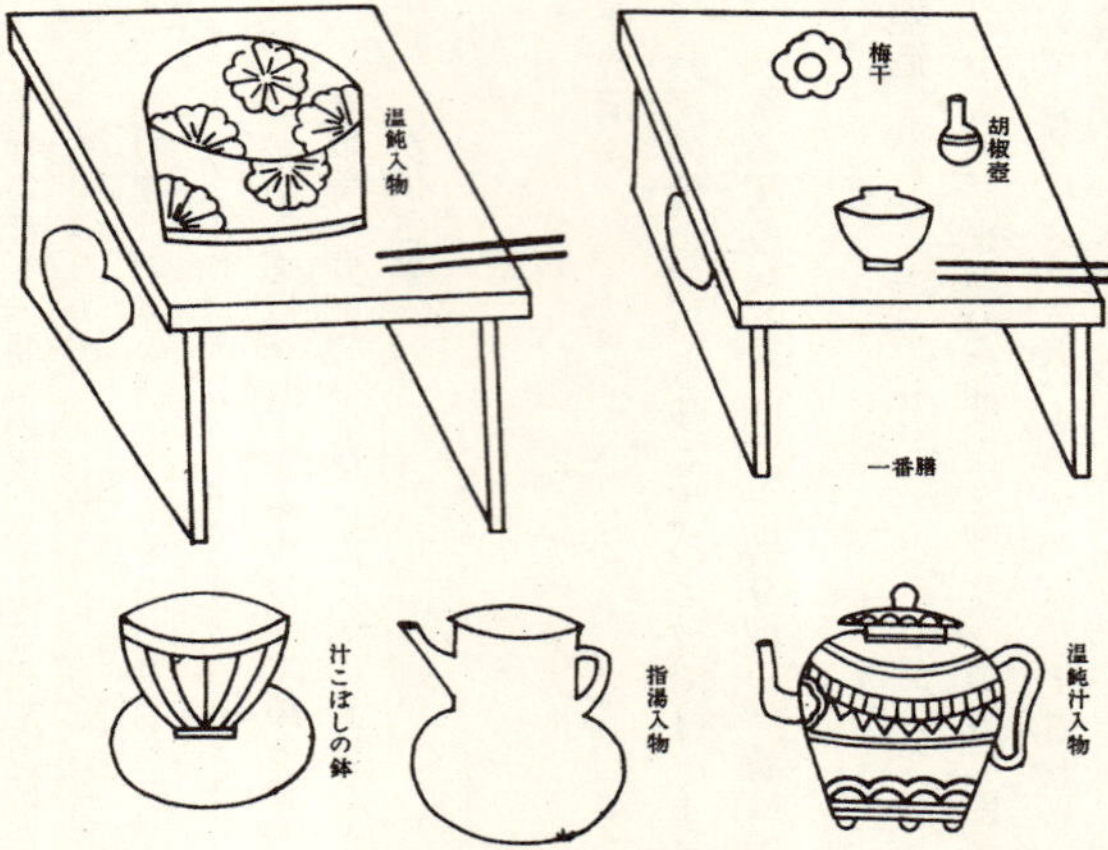

古くはうどんの薬味に胡椒と梅干が添えられた（『羹学要道記』）。

おでんひがく

餅花びら[1]のように餅を薄くのばして少し焼く。餅はごく薄いのがよい。豆腐田楽に味噌をつけたものを右の餅に包む。

1餅花びら　花びら餅のこと。古く歯固めの儀式などに用いる菱葩《ひしはなびら》を菓子化したもので、丸くのばした白餅に小豆汁で赤く染め、菱形にのばした餅を重ねて、ゆでた牛蒡《ごぼう》を味噌餡とともに包んで押鮎《おしあゆ》に見立てる。茶事では初釜に用いる。

早温飩《うどん》

小麦粉を塩を入れずに固くこね、臼に入れて搗く。その後、普段と同じようにうどんに打つが、打ち粉に小糠をよくふって使う。ゆで方は普通とする。

油不揚《あぶらあげず》

豆腐一丁を油で丸揚げにしてから皮となった部分を切り取る。中身を適当な大きさに切り、吸物にすまし汁として使う。こうすると、汁には油気がないが、豆腐に油気が残るものである。

巻きむき

さざえの貝から身を取り出し、生のままわたを取り、蓋のほうからまわしむき[1]にする。熱湯に入れてすぐあげ、別に汁を加減しておいて盛りつける。取合せは見合いにする。

1 まわしむき　桂剝《かつらむ》きのこと。

独活《うど》焼

長独活を針に刻んで、芹焼《せりやき》[1]のようにする。

1 芹焼　焼き石で芹を蒸し焼にする料理法。後に芹を油で炒め、鳥肉などとともに煮た料理を指すようになった。ここでは前者の意。

料理山海郷巻之一　終

料理山海郷　巻之二

近江醒井餅《おうみさめがいもち》[1]

極上のもち米を一臼につき三升ほど入れて搗《つ》き、その上でうるち米が混じらないように一粒ずつより分け、普通に蒸す。水を加えずに搗き、餅にして乾かし、切ったものを藁《わら》で編んで、風の当たらないところに吊しておく。寒のうちにこしらえたりすると、凍ってしまって役に立たないので、その時期には下に炭火を置く。四十日ほど、このようにして納めておく。

1 **近江醒井餅**　近江国醒ヶ井（滋賀県米原町）の名物として知られるかき餅で、のし餅を陰干しにして鉋《かんな》で薄く削ったもの。後、京都醒ヶ井（下京区堀川通）でも売られた。『毛吹草』には山城国《やましろのくに》の名産の一つとして「醒井分餅《ヘギモチ》」が見えるほか、『茶湯評林』巻八には京都一条通烏丸西入ルの虎屋近江の御茶菓子の一つとして「さめかい餅」が出ている。

芋香の物

長芋でも山の芋でも、皮をむいてゆで、紙に包み、香の物に漬ける。三日過ぎるとよい。

柚田楽《ゆでんがく》

柚子の皮に醤油をつけて焼き、罌粟《けし》をふる。

つむぎ汁

つむぎ[1]を細かくたたき、味噌に擂《す》り混ぜて汁にする。青みは好みのものを用いる。

1 つむぎ　鶫（つぐみ）の異称。方言の研究書である『物類称呼』には「つぐみ○五畿内の俗、つむぎと云」とある。

巻鮓《まきずし》

辛み大根をおろし、塩を加えてよくしぼる。川鱒《かわます》を薄く切り、酢に塩を加えて漬けておく。これに大根おろしをまんべんなくならし、鱒を置いて巻き、さらにそれを簀《す》で巻いて、半日ほどしめておいてから、薄刃で小口切りにして食べる。

江戸時代の松茸狩の様子（「金竜寺山松茸狩」『摂津名所図会』）。

四《し》季《き》茸《たけ》

干し松茸を、地面を掘って藁をたいて消した上に並べ、むしろをかぶせてしばらく置いてから使う。生のようになる。椎茸《しいたけ》なども同じことである。四季いつでも採りたてのようになる。

鮓粽《すしちまき》

早鮓《はやずし》[1]を粽の形にして笹の葉に包んで巻く。

1 **早鮓**　飯に塩をふって味つけし、酢でしめた魚をのせて一夜重石《おもし》をかけてつくる。自然醱酵《はっこう》を待ってつくるなれずしに対して早鮓という。

南禅寺山椒《なんぜんじざんしょう》

干山椒《ひざんしょう》の実を取り、水に漬けておくと甘皮

が取れる。白味噌をよく摺って固く溶き、右の山椒をよくまぶして干し乾かし、焙炉《ほいろ》にかける。

道明寺《どうみょうじ》香の物

布で三寸（九センチ）ほどの幅の袋を縫い、道明寺粉[1]を詰めて、少し味噌をやわらかに仕かけて漬けておく。六十日ほどすればよい。色がついてみごとなものである。小口切りにして用いる。ただし、若い味噌の場合には色のつき方が悪い。

1道明寺粉　河内国の尼寺道明寺（大阪府藤井寺市）で製する上質の乾飯は道明寺糒《ほしいい》として知られるが、これをひいて粉にしたのが道明寺粉で、菓子の材料などに用いられる。

芋柚餅子《いもゆべし》

山の芋の皮をむいて醬油で煮、うどん粉を少し入れて摺る。これに銀杏《ぎんなん》の皮を取ったものを粒のまま入れ、蒸籠《せいろう》[1]にまんべんなくならして蒸し、棹物《さおもの》[2]にする。

1蒸籠　炊具の一種で、本来は、土製の甑《こしき》に対して、籠《かご》製のものを蒸籠といったが、甑が木製となってからは、蒸籠も甑と称されるようになった。

2棹物　練った材料を棹状の型に入れて固めるところから名付けられ、羊羹《ようかん》や外郎《ういろう》など棹状の和菓子の総称。

甲州打栗《うちぐり》[1]

大きな生栗を簀の上に置き、熊手などでかきまわしながら干し、皮の上からたたく〈渋皮を取るためである〉。皮をむき、渋皮もよく取って、小糠《こぬか》にまぶして蒸す。温かいうちに樫《かし》の木でつくった型の中に入れ、布切れで包んで金槌《かなづち》で打ちつぶして使う。ただし、堺でつくる打栗とは別のものである。

1打栗　かち栗を蒸して砂糖を加え、薄くたたいた菓子の一種で、江戸時代には甲州の名産として知られた。

雪見とり

鯛でも鱧《はも》でも塩水に漬けておき、身が白くなったら身をくずして摺り身にして用いる。白水[1]の二番でのばすと、身が特に白くなる。調味は各自の好みにまかせる。

1白水の二番　米の二番目のとぎ汁。最初のとぎ汁は小糠が多すぎるので捨て、二番目のとぎ汁を使う。

晒《さら》し海老《えび》
生海老の皮をむいて赤みを取り、水に入れておく。身がはぜたところで湯煮し、黒胡麻《ごま》と焼き塩をふって食べる。

織部《おりべ》味噌
黒胡麻十五匁（五六グラム）に罌粟《けし》十匁（三七・五グラム）、榧《かや》十五匁、生姜《しょうが》七匁（二六グラム）、二色の刻み唐がらし一匁（三・七五グラム）、摺り山椒七匁、砂糖十五匁、味噌三十匁（一一二・五グラム）、これらを酒でのばす。

ほや海苔《のり》
海松《みる》[1]の乾いたようなものである。とっさか[2]のように寄せて香の物に漬けて食べる。阿波《あわ》（徳島県）に産する。

1海松《みる》　ミル科の多年生の鮮緑色の海藻。二十〜三十センチくらいに成長し、日本各地の温暖な沿岸に生育する

2とっさか　鶏冠《とさか》海苔とも称し、主に太平洋の干潮線より深い岩上に着生する海藻のこと。

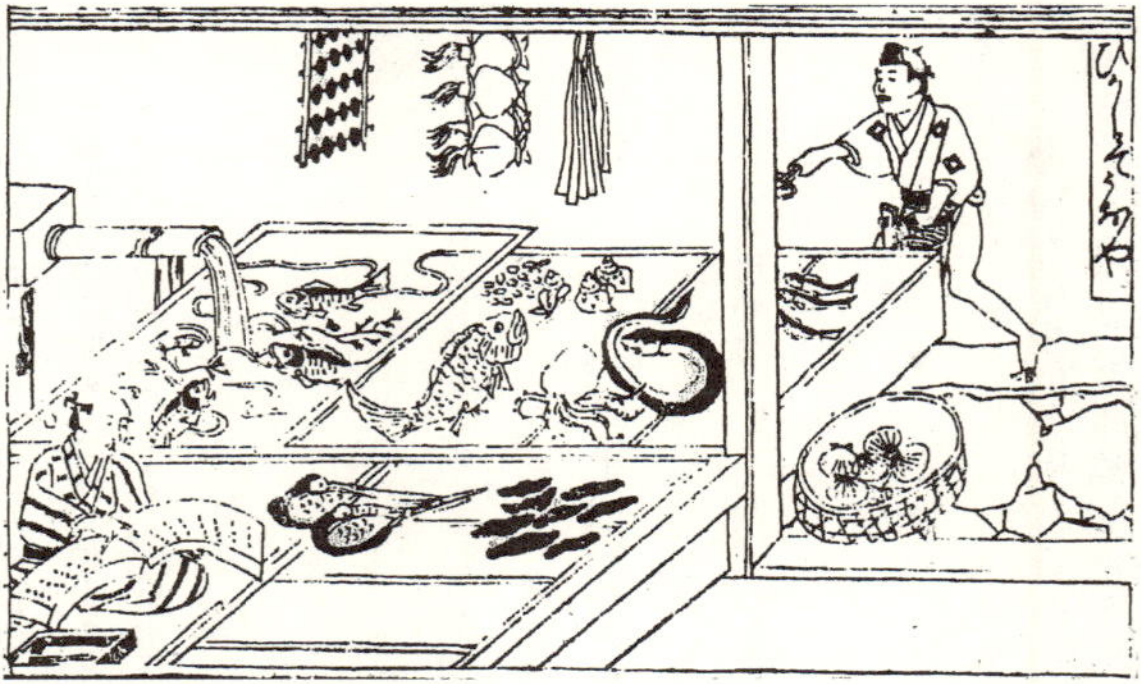

江戸時代の京都錦市場の様子。生簀がみられる（『京雀』）。

骨抜き鴨

小鴨、たかべ[1]、あじ[2]の類の、毛と頭を取り去って、骨を丸抜きにし、抜いたあとに摺《す》り魚を詰めて蒸す。筒切《つつぎ》りにして食べる。

1たかべ　小鴨の一種。『和名抄』「鸍」の項に、『漢語抄』ではこれを多加閉《たかべ》と呼ぶとあり、源順は、「沈鳧」とも記し、顔は鴨に似て小さく、背の上に紋があるとしている。

2あじ　「鴧」と書き、巴鴨《ともえがも》の異名。小型のカモで雄の顔に巴形の斑紋《はんもん》がある。シベリア中東部で繁殖し、日本には秋に渡来する。

丹後《たんご》塩引き

鰤《ぶり》を冬のうちに三枚におろし、身どころ[1]のすだれ骨を取って、北風の当たるところに逆さまに吊し、ときどき酒をかけておく。三、四月頃になると身に照りが出る。少し煙の通るところにかけなおしてもよい。[2]

1身どころのすだれ骨 腹骨のこと。

2少し煙の通るところ 煙を当てて干す、いわゆる燻製《くんせい》。実際には囲炉裏《いろり》の上の梁《はり》などに干した。

温飩《うどん》

うどん粉をかなり固くこね、ござに包んで踏む。ねばりの出るまでよく踏んでから、麵《めん》棒《ぼう》でのばして切り、それから水ゆでにする。六ふき目から火を消して蒸らす。この六ふき目から汁をつくる。極上の醬油と鰹のだしで煎じる。汁ができるまでにうどんはよく蒸れる。[1]

1六ふき目から…… ゆで汁が六回噴き上がってから……の意で、かなり固く太いうどん（径五ミリくらい）と思われる。

きし麵

うどん粉を塩を加えずにこね、普通に踏んで薄く打つ。幅五分（一・五センチ）くらいの短冊《たんざく》に切り、汁で加減する。打ち粉を多く使うと汁がねばるので、打ち粉は少なく汁を多く仕かけるのがよい。汁に酒と醬油を加え、少し甘く仕かけ、花がつおを大きくかいて入れる。うどんを先に打ち込んで煮上げておき、ねぎを二寸（六センチ）くらいに切ってたくさん入れ、煮たあとに右のうどんを入れて食べる。鰹《かつお》をもみ込んで打つのも面白い。

玉子田楽

玉子の白身だけを杉の箱で蒸し、田楽のように切って青串に刺し、山葵《わさび》味噌を温めてからつける。

味噌貝

味噌を酒で堅めにのばし、鮑《あわび》を煮る。貝の味噌をこそげ落として、小口切りにし、煮物に用いる。男貝《1おがい》がよい。

1男貝 江戸期の料理書に見える煮貝は基本的にアワビで、主にクロアワビ・エゾアワビ・メガイアワビ・マダカアワビなどが用いられる。このうち男貝と呼ばれるのはクロアワビのことだろう。

[1]巾着柚《きんちやくゆ》

柚子《ゆず》の実を取り去って皮を湯煮する。小豆《あずき》の[2]漉粉《こしこ》に、葛と砂糖それぞれ少々を混ぜ、柚子に入れて、かんぴょうで巾着のように緒《お》を通して結ぶ。蒸籠《せいろう》に酒粕を敷いて柚子を置き、蒸して、[3]平物に用いる。油で揚げる場合も同様にする。

1 巾着　口を緒でくくり、中に物を入れて携帯する袋のこと。
2 漉粉　こしあんのこと。
3 平物　平たい皿や椀などに盛る料理。

筑間《ちくま》玉子

[1]玉子ふわふわを小さい鍋に仕かけ、人数分に盛り切りして、鍋を引く。盛りかえは、また小鍋で同じように仕かけて出す。[2]筑摩鍋の数をみるといって、この名がついた。

1 玉子ふわふわ　生玉子を味付けして半熟程度にかき混ぜたもの。『料理物語』では、出汁溜りと煎酒が用いられている。
2 筑摩鍋　滋賀県坂田郡米原《まいばら》町にある筑摩神社では、毎年四月一日に筑摩祭が行なわれるが、この祭礼では女性が関係した男性の数だけ鍋をかぶるという。

誇張した描き方なのだろうが立派な大根だ（『料理献立抄』）。

常心漬《じょうしんづけ》

大根をよく洗って水気がなくなるまでよく干す。小糠をふって一升に塩二合〈水気があるのはよくない〉の割合とする。漬け方は大根があまり太いとよくない。普通の大根の少し細いほうがよい。重石はなるべく重いのがよい。大根のとれる時期に漬けて二、三月頃に使うが、長くおいて使うほうがよい。口を開けるときは上の汁を除き、香の物を取り出し、元のように重石を置いてから、除けた塩汁をまた入れておく。二、三月頃から六月頃までに使うのがよい。大根のほかに何を漬けてもよい。

いがみ[1]和え

いがみのうろことわたを取り、身を薄く切る。胡《ご》麻《ま》酢《ず》を煎じ、塩加減をして切った身を入れ、花がつおをかける。温かいのがよく、さめてはまずくなる。

いがみという魚は伊勢浦で獲れるが、他国ではまれである。焼いて食べる時にはうろこを珍重し味わう。うろこは大きく風味は鱈《たら》のようで、塩をするといよいよ鱈に似てくる。

1いがみ　武鯛《ぶだい》の異名で、『魚鑑』「ぶだい」の項に「伊勢にて、いがみといふ……鱗ともに、煮食てよし、海魚の鱗を食ふは此魚のみ」とある。本州中部以南の沿岸の岩礁にすむ。

揚げ田楽[1]

豆腐を田楽の大きさに切って油で揚げ、湯煮して湯を捨てる。串に刺し、火にかけてあぶる。水気を切るくらいとし、葛だまりにからしを打ち込んだものをかける。

1揚げ田楽　『豆腐百珍』にも同名の料理が挙げられているが、料理法については記載がない。

大根浅漬

大根の葉を取り、洗いあげてすぐ漬ける。百本に塩一升の割合とし、重石を強くかけて二、三日中に水があがるようにする。四十日過ぎてなれたら、その後は重石の必要はない。大根はかなり太くてすのないものを吟味して使う。冬至《とうじ》前に漬けて正月に使うのがよい。新藁《しんわら》を一度ずつ敷くのがよく、色がついて香りが深くなる。

大根糠漬《ぬかづけ》

大根の葉を取って干し、曲げると頭と尾が一ヶ所に寄るくらいまで干す。三合の塩に小糠が多いほどよく、これに漬けて、よく踏みつけ、重石を強くかける。食べ始めたら重石は取っておく。冬至前に漬けるのがよい。大根浅漬のように、すのないものをよく吟味する。右の塩加減は、正月から月末に使うなら二合半の塩、二月末から三月ならば三合、四月なら四合と心得るべきである。

袋《ふくろ》玉子

布で幅三、四寸（九〜一二センチ）くらい、長さは自由とした袋を縫《ぬ》い、底をくくって玉子を割り入れて口をしばって湯煮する。よく煮て丸く棹《さお》型になったところで袋をとき、小口切りにすると、平物、重物によい。白と黄と二品にもできる。袋いっぱいに入れると吹き出るのでよくない。七分目くらい入れて湯煮する。

ずずへい[1]

魚、鳥、貝の類ならなんでもよいから細かくたたき、胡麻油で煎りつけ、玉子を流す。平物によい。

1ずへい　『甘藷百珍』には、ズズヘイいもの料理法が記されており、いもを賽《さい》の目に切って油で揚げ、小麦粉を水とかき混ぜたものと一緒に、煮立てただし汁の中に入れ、皿に盛って出す、とある。

江豚《うるか》[1]

鮎《あゆ》のわたとあわ子[2]と一つにして、白子をよく摺ってわた子によく混ぜる。一升くらいの分量に塩四合の割合で混ぜ、壺《つぼ》に入れ押しつけておく。少しでも水気のないようにする。

1江豚　「えぶた」と読むとエイのことだが、一般に「うるか」は内臓の塩辛のことで、ここでは川魚である鮎の白子の塩辛を指す。

2あわ子　鮎の真子。

塩辛の加減

夏は魚一升に塩五合、冬なら三合入れるのがよい。正月頃は塩を強くして何でも入れておけば、三、四月頃によく熟《な》れるものである。

干し瓜《うり》

江戸時代に描かれた唯一と思われる塩辛の絵（「浅草奥山道外けんざけ」）。

あさ瓜[1]は大坂では白瓜といい、ところによって名が変わる。縦に八つに割り、さなご[2]を取り、身のところにだけ塩をする。たらいに水を入れ、その上に柴《しば》[3]を置いて、身のほうを干す。皮のほうに塩がつかないようにしなければならない。皮の青いのを珍重する。瓜が水にぬれないようにする。

1あさ瓜　『物類称呼』には、「越瓜、しろうり　京にてあさうりといふ。一種筑紫にてつけうりといふ有。江戸にてはなまるといふ」とある。

2さなご　あさ瓜の種。

3柴を置いて　柴ではなく、簀の上に干してもよい。

阿蘭陀《オランダ》味噌

柚子五個の中身を取り去り、皮だけを細かく刻む。醬油三合（五四〇cc）に水五勺（九〇cc）を入れ、炭火で煮る。摺りつぶしてから水嚢《1すいのう》でこし、榧《かや》、刻み生姜《しょうが》、唐がらし、その他を好みで入れる。

1水嚢　馬尾篩とも書く。底を馬の尾または針金の網で張った篩《ふるい》のこと。また竹で編んだものもあり、水切りなどに用いる。

花菱粥《1はなびしがゆ》

白粥を堅く炊き、醬油汁で仕立てる。香頭《2こうとう》に大根おろし、陳皮《ちんぴ》、青海苔、摺り生姜、摺り柚子を添える。

1花菱粥　薬味を花菱の形に置いたところからの命名。

2香頭　鴨頭とも書く。薬味、吸口のこと。最初は薬味の青柚子の色を鴨の頭に見立てたところから出た洒落《しゃれ》言葉で、次第に薬味や吸口を意味するようになった。

生姜松茸《しょうがまつたけ》

松茸を味噌汁で煮る。汁がおよそ十杯なら、生姜半杯をおろして粕とともに味噌汁に打

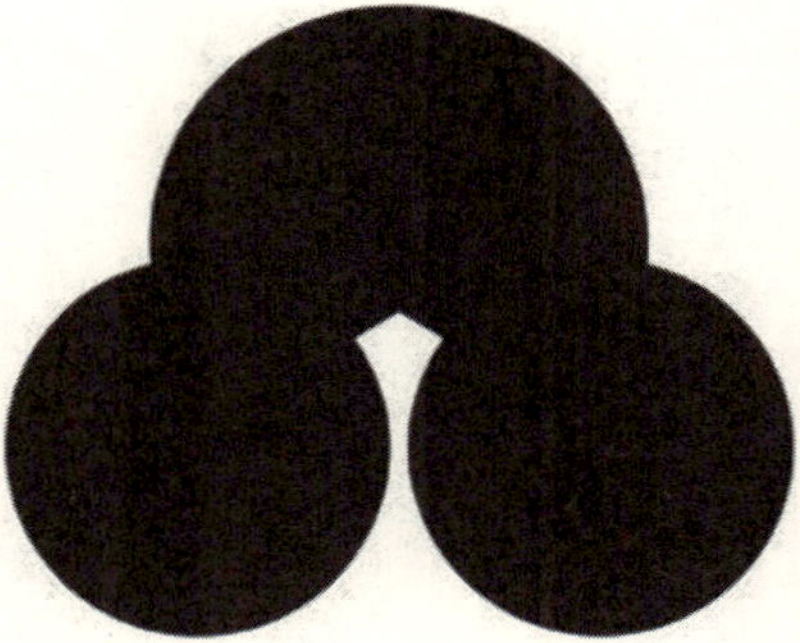

洲浜の図案。浜辺の入り込みを意匠化したもの。

ち込んで煮る。一吹きすればよい。

洲浜《すはま》[1]玉子

袋玉子[2]にして竹三本ではさみ、湯煮する。苞《つと》にするときも同様にするとよい。

1 洲浜　洲浜形にゆでた玉子。洲浜は竹の皮に包んだ棹物菓子のこと。『嬉遊笑覧』に「すはまは洲浜にて其形によりての名なり。もと飴ちまきなり。麦芽大豆を粉にしてねり、竹皮に包みたる物なり」とある。

2 袋玉子　布や紙で袋をつくり、その中へ玉子を割り入れてゆでた玉子。本書五一頁参照。『古今料理集』巻六の「小料理万かまほこの部」にもくわしいつくり方が載っている。

藻《も》屑《くず》焼

生の鰹を三枚におろし、藻屑で燃やした火[1]に当てる。小口からたたんで潮《うしお》を打ち、庖丁で押さえて血の気を取り、酒を打って食べる。
1火に当てる　表面をさっと焼くだけにとどめる。
2小口からたたんで　刺身に切って、その切り身を少し重ねて海水をふる……。鰹のたたき（土佐造り）の原型といえよう。

粟柚餅子《あわゆべし》

味噌をよく摺り、うどん粉を少し入れ、糯粟《もちあわ》を漬けておいたものを入れて、蒸して棹《さお》状にする。

砂焼

地面を掘って火を焚《た》き、砂を敷いて塩水を打ち、鯛を洗って砂の上に入れるように置く。その上にさらに砂をかけ、また塩水を打ち、その上で火を焚く。よく蒸し焼けた後に掘り出し、醬油で食べる。味付けは好みとする。

茎鱠《くきなます》

京都で冬に使う大根茎漬[1]の葉を取り、根を刻んで鱠として用いる。くるみ酢がよい。取合せに赤貝などが合う。精進物にするならとつさか[2]の類がよい。

1大根茎漬　酸茎《すぐき》のこと。『雲錦随筆』には、賀茂の酸茎は京都の名産で「大根の形にて蕪也《かぶら》」とある。

2とつさか　鶏冠海苔のこと。紅藻類ミリン科の岩に着生する海藻。四四頁の注参照。

みとり[1]

鴨の身だけをよくたたき、丸くしてうどん粉で衣をかけ、油で揚げる。平物によい。

1みとり　裲・粉と書き、単衣のこと。うどん粉の衣からの命名と思われる。

観音経《かんのんきよう》

もち米の粉一合にうるち米の粉三合、山椒の粉十匁（三七・五グラム）、味噌一合半をよく擂ったもの、醬油一合半（二七〇cc）の五種をよく擂ってこねる。これを押し広げて少しずつ干してから、鍋で裏表をよく焼いて切る。

葛吸物

水を焼き塩で加減したなかに、葛を堅くこねたものをちぎって入れる。これが浮いてきたところで、よくたたいた摺り生姜を上にのせて出す。

浮麩《うきふ》

寒ざらしの餅の粉を、湯で堅くこね丸めて、湯煮する。浮き上がったらすくって清餡《1きよあん》で丸める。敷き砂糖にしてもよい。

1清餡 『御前菓子図式』によれば、砂糖蜜（煎じ砂糖）四合（〇・七二リットル）をよく煮たたしたところへ小豆の漉粉《こし》三〇〇匁（一・一キログラム）を入れ練り上げたもの。

しんせい[1]榧《かや》

榧の渋皮を取り、飯粒をよく摺って塩を入れてまぶしたものに、青海苔を衣としてかける。しんせい豆、しんせいあられのつくり方も同様である。

1しんせい 黒豆にきな粉・砂糖・水飴をまぶし、表面に青海苔をつけたものを真盛豆といい、京の名物菓子として知られた。

料理山海郷巻之二　終

南部貝《なんぶがい》

鍋《なべ》に鰹節《かつおぶし》を大きくかいて入れ、その上に昆布《こんぶ》を敷き、鮑《あわび》を貝ともにうつ伏せにしてのせ、酒と醤油で炭火で煮る。

八幡茎《やわたぐき》[1]

牛蒡《ごぼう》の根葉を取り、葉の軸の皮を取ってから、酒粕に塩を強くして、そのまま漬ける。出したら粕を洗い、押し広げて五分（一・五センチ）くらいに切って食べる。

1 **八幡**　八幡牛蒡のこと。京都府綴喜郡八幡町八幡荘字園内で産する名物の牛蒡。『雍州府志』には「牛蒡、八幡山東園村の産を名産となし、専ら八幡牛蒡と称す」とある。

早山椒《はやざんしょう》の芽《め》

山椒の実をばらばらに蒔《ま》いておく。二十日ほどで発芽しはじめるが、できないようなら、

日本各地には今も在来種の野菜が残る。図は伊予牛蒡（『日本山海名物図会』）。

もやしの室《むろ》に入れるとよい。一年中芽があるものである。

釣鯛《つりだい》

生の鯛の尾とひれを糸で吊り、塩をよくふって蒸し、糸を取り出す。

鮑《あわび》丸焼

鮑を貝とともによく洗い、五徳《1ごとく》にかけて焼く。串でところどころを突き、そこに醤油を入れて煮る。貝殻をはずし、切って食べる。

1五徳　鉄瓶《てつびん》などをかける三脚もしくは四脚の輪形のもので、鉄または陶器でつくられる。

錦柚餅子《にしきゆべし》

うどん粉をこねて蒸し、紅[1]で染めて伸ばす。別にうどん粉に味噌を入れて蒸し、右の紅染の上に重ねて伸ばし、小口から巻いて切る。

1紅　紅花からとった鮮紅色の染料。

角山漬《すみやまづけ》

大根を洗い、水気を切ってすぐに漬ける。大根を漬け、塩をふり、糠《ぬか》をふり、藁《わら》を一片置く。その上にまた右のようにだんだん漬けて重石《おもし》をかける。

はじき芋

子芋のよく身の入ったものを、皮ごとよく蒸す。上のほうを薄く切って、身をはじき出し、蕎麦切りの汁で食べる。

蕪田楽《かぶらでんがく》

田楽の大きさに蕪を切り、串に刺して焼く。醬油を一遍つけて焦《こ》げない程度に焼き、油を少し引いて味噌をつける。見たところは豆腐田楽と同じで、ことのほか温かいものである。醤油を一遍つけなければ焼けない。つけないと焦げても中には火が通らない。

何首烏《かしゅう》麩《ふ》の焼《やき》

何首烏[1]をよく煮て皮を取り、押しつぶしてから氷砂糖をおろして入れ、水嚢《すいのう》でこす。水に入れてかきまわすとほどよくねばる。摺るとねばりすぎてしまうので摺ってはいけない。これを普通の麩の焼[2]のように焼く。味付けには山椒味噌や麻の実がよい。

1何首烏　何首烏芋のこと。ヤマノイモ科の蔓《つる》性の多年草で、塊根と零余子《むかご》を食べる。

2麩の焼　玉子の薄焼きのこと。『古今料理集』では、「煎餅《せんべい》玉子」ともいい、水繊《すいせん》鍋《なべ》に鴨の油か胡麻油を引いて、かきまわした玉子を鍋いっぱいに広げて、できるだけ薄く焼く、とある。

辛螺《にし》汁《じる》

焼き味噌をたたき、汁に仕立て、辛螺[1]をたたき割って入れる。

1辛螺　巻貝の総称。赤いのが赤螺《あかにし》で、田にいるのが田螺《たにし》。

土《ど》蔵《ぞう》煮《に》

鯛でも鮒《ふな》でもよいが、鯛であれば切り身を串に刺し、焦げないように白焼きにして、味噌に山椒を少し加え、水に溶いた葛でのばす。魚が見えないくらいに厚くよく塗り、焦げないようにむらなく焼く。藁《わら》の切り口でさらさらとすってなめらかにし、酒に醬油を少々加えて煮る。味噌が落ちないので付けた名か。

利休醬[1]《りきゅうひしお》

大麦まずき[2]二升を挽《ひ》き割り、水に四日ほど漬けたら、あげてよく洗う。大豆を煎《い》って皮を取り、さらに二つ割りにして升の底で摺りつけて皮を取る。これをよく洗って蒸し、麴《こう》花《じばな》をつける。その後、干し乾かして箕《み》で振り麴を飛ばし、またとおし[3]でふるって麴花を取る。また一日干し、白麴一升五合に、上等の酒一升五合（二・七リットル）と上等の醬油一升五合をよく煮立て、大豆と麦の麴を釜に入れ、一緒にやわらかくし、壺か新しい杉桶にでも入れ、さめたら米の麴をもみ砕いて混ぜる。日に干して一日に二、三回杓子《ひしゃく》でかき混ぜる。冬は十日、夏は四日、春・秋は七、八日で使えるようになる。

1利久醬　飛驒《ひだ》高山では、これに似た醬を今でもつくっていて、朴葉《ほおば》味噌などに使っている。
2大麦まずき　大麦を臼に入れ、水を少しふって杵《きね》で搗《つ》き、糠を取って干したもの。
3とおし　篩《ふるい》のこと。

錦玉子《にしき》

杉で小さな蒸し器をつくり、玉子の白身だけを蒸す。固まるころに紅を溶いて流す。よく固まったら取り出して切る。白身の中に紅が入って美しいものである。小口切りにして用いる。

ひし煮

黒鴨[1]〈羽ぬけ鳥という〉は七月末から八月下旬までの時季がよい。鳥が羽をかえるときにすべて羽がぬけるが、このときの風味が非常によい。越後新潟に多い。調理法は身をつくりにして〔切り身にして〕鍋で煎りつけ、別に醬油を加減しながら温めておいて、この鍋に入れる。からしを溶いてかけて出す。

1黒鴨　ガンカモ科の海ガモで、全身が黒い。

[1]苞豆腐《つとどうふ》

豆腐に葛を入れて固く摺り、布に包み苞に包んで蒸す。苞を取り、生醬油で煮て、小口切りにする。

1苞豆腐　『豆腐百珍』にも苞豆腐の製法が見え、ほぼ同様であるが、同書では、葛の代わりに甘酒を、布の代わりに竹簀《たけす》を用いている点が異なる。

蕎麦《そば》切り

信濃《しなの》の粉は湯でこねるのがよいが、暖国でできた粉は水でこねるのがよい。土用の内の粉はよいが、土用を過ぎた粉はよくない。こねるときには粉一升に玉子三個か、または豆腐一丁[1]を入れるとよい。夕飯に多人数の蕎麦をつくるには朝から打たなくてはならないが、乾いてまずくなるので、正月に餅を水煮にして、その水をよくさまし、餅の固まりがないようにする。この水でこねて打てば、一日二日でも加減を損わない。

1豆腐一丁　江戸後期の『守貞漫稿』によれば、京都・大坂の豆腐は小型であるが、江戸のものは大型であったという。なお、『親子草』によれば、寛政年間頃には、江戸の大型の豆腐一丁の値段は酒一合に匹敵したという。

湯とじ

蕎麦切りをゆで、味噌焼き汁[1]で大根を残らずゆであげる。蕎麦切りを味噌汁に入れ温めて盛りつけ、その上に右の大根のせん切りをのせて出す。信濃では蕎麦切りの後の吸物のところで、この湯とじを出す。

1味噌焼き　擂鉢《すりばち》に味噌を塗りつけ、火にかざして表面を焦がしてつくる。

甘酒漬
甘酒を沸かしてさまし、塩を加えて茄子《なす》を漬ける。そのほかにも漬けられるものがあろう。

浜叩き《はまたたき》
刺鯖《さしさば》一刺しをできるだけ細かくたたき、麴五合も細かくたたいて、酒をひたひたになる程度に加え、壺《つぼ》に入れて口をよく閉じ、三十日以上たってから食べる。

熊谷田楽《くまがいでんがく》
豆腐を普通の田楽のように焼き、玉子を醬油で溶いたものを、よく塗って炙《あぶ》るとふくれる。これを煎酒《いりざけ》につけて食べる。

こき鰌《どじょう》（泥鰌）

泥鰌汁である。湯を沸かし、泥鰌を入れてよく煮えたところで箸《はし》で扱《こ》くと、泥鰌は三枚におろせる。頭と骨を取り、身だけを使う。味噌汁はこのゆで湯を使って仕立てる。

粟香《あわ》の物

糯粟《もちあわ》をよく蒸して塩と葛を入れる。あとは豆腐[1]の漬物と同じである。

1豆腐の漬物　前出の豆腐香の物（二〇頁）参照。

切り山椒

上々の米の粉を細かくして五合、これに山椒をひとつかみくらいを粉にして入れ、砂糖少しを加え、以上三種類を醤油でこね、蒸籠《せいろう》で蒸す。道明寺粉の細かいのを煎って、蒸し上がったものにまぶす。これを陰干しにして小口切りにし、焙炉《ほいろ》にかける。

豆[1]の粉和《あ》え

味噌に胡麻《ごま》と豆の粉を摺り混ぜたもので、粒白大角豆《ささげ》、独活《うど》、木くらげなど季節の物を好みで和える。

1豆の粉　大豆の粉。きな粉のこと。

薄みどり

鯛の切り身の赤身を取り去り、これを蒸してから白練り葛をかける。白練り葛は焼き塩仕立てとする。

早葛切り《はやくずきり》

湯を沸かしておく。葛を盆に溶き、白の細寒天《かんてん》をこの葛でよくまぶし、湯の中に入れてすぐにあげる。本物の葛切りのようである。

蘭花《らんか》

空豆を水に漬けてやわらかくし、頭を六つに割って油で揚げる。

蒸し焼

鯛を丸のまま紙で水張りをする。鯛の口へ竹の管を差し込み、全体に赤土をよく塗って大釜の下にくべ、竹の口から醤油をさして焼く。竹の口で醤油の香りをかぐと、焼き加減が分かる。土を背中から割ると、うろこも一緒に取れるので、かけ塩なしで食べる。

氷豆腐[1]

豆腐一丁を八つに切って籠《かご》に並べ、煮立った湯をかけてから一夜外に出して寒気に当てる。翌朝凍ったものを湯煮してやわらかくし、浮き上がったときに取り出して少し圧《おし》をかけ、また籠に並べて毎日干す。このゆで湯に山梔子《くちなし》を割って入れるのは、虫がつかないための用心である。寒[2]のうち、夜半の時分に凍るのがよく、宵《よい》はよくない。

1氷豆腐　『豆腐百珍』の氷豆腐の項には、ほとんど同文の記事があり、「高野とうふともいふ」の付記がある。

2寒　陰暦で立春までの冬の約三十日間のことをいう。一年中で最も寒い時期とされ、前半の十五日を小寒、後半の十五日を大寒という。

粕蛤《かすはまぐり》

蛤のむき身をそのまま粕に漬ける。蜜柑《みかん》の皮を小さく賽《さい》の目に切ったものや生姜《しょうが》を少し加えるとよい。粕は酒でのばす。甘すぎてはよくなく、塩を少し入れるとよい。三日目には味がなれる。

海老《えび》の塩辛《しおから》

小海老を二合半ほどひげを取って壺に入れ、塩五合と麴を少し入れ、熱湯をかけて蓋《ふた》を閉める。毎日かきまわすと早く味がなれる。

柚練《ゆね》り

柚子《ゆず》百個を、丸のまま酒三升（五・四リットル）と砂糖半斤（三〇〇グラム）の中に入れ、三日ほど炭火で煮ながら練る。

子漬鱈《こづけだら》

鱈を骨が残らないようにおろし、そぎ切りに造る。子は湯煮する。どちらにも塩をして、身を子に漬ける。

鯛《たい》の子籠《こごもり》

鯛のえら、わた、うろこを取り、腹はあけずに[1]鮒《ふな》の子をよく詰め、一切れにして潮煮《うしおに》にする。

1 **腹はあけずに**　魚の腹身を切り開かず傷つけぬように、えら蓋の下から内臓を抜き出す坪《つぼ》

浅草紙を漉くのに工程が似ていることから浅草海苔の名が付いた（『江戸名所図会』）。

抜《ぬ》きという方法がある。

海苔柚餅子《のりゆべし》

うどん粉に味噌をよく摺り入れて蒸す。これを浅草海苔の上にのばして小口から巻いて切る。

粟巻《あわまき》

糯粟《もちあわ》を水に漬けておく。荒布《あらめ》にうどん粉を少しふり、この粟をまんべんなくならして巻き、藁で結んで蒸し、小口切りにする。

洗濯豆腐

豆腐を普通の田楽のように切って炙《あぶ》り、寒ざらしの餅の粉をつけて、さらに炙るとふくれる。その上に山椒味噌をつけて焼く。

榧《かや》味噌

焼き味噌百匁（三七五グラム）、煎って荒皮を取り粉にした榧四十匁（一五〇グラム）、煎った黒胡麻一合、大白砂糖二十匁（七五グラム）、唐がらし五分（一八・七グラム）、これらを摺り合わせて壺に入れておく。

砂糖梅

豊後梅《ぶんごうめ》[1]百を塩押しして灰をひとつかみ入れ、一夜おく。これを洗って塩と灰を捨て水気を切る。乾かして上等の酒をひたひたに入れ、砂糖一斤（六〇〇グラム）を入れる。生の梅三十を入れるが、これはにおいを出すためである。壺に入れて口をよく閉じる。三十日過ぎると風味がつく。

1 **豊後梅**　淡紅で重弁をなし、大きな果実で果肉が厚く、淡い酸味があり、アンズとの雑種。なお、『毛吹草』には豊後国（大分県）の名産の一つとして「佐伯梅」が見える。

紫蘇酒《しそざけ》[1]

江戸時代の焼板蒲鉾づくりの様子（『川口遊里図屏風』）。

紫蘇二十匁（七五グラム）、紅花五匁（一八・七グラム）、この二品を別々の袋に入れる。砂糖四百匁（一・五キログラム）と焼酎《しょうちゅう》一升（一・八リットル）を壺に入れ、袋に入れた二品をひたしておいて、二十日過ぎたら食べる。

1 紫蘇酒　この製法だと、甘味が強いので、砂糖を焼酎一升に四〇〇～五〇〇グラム程度にするとよい。梅酒を少し加えるかレモン汁を入れてもよい。

白魚《しらうお》の蒲鉾《かまぼこ》[1]

白魚をちり一つないようきれいに洗い、魚一升に水一升（一・八リットル）入れて朝から漬けておくと、夕方には水が濁ってくる。その濁り水を鍋で煎じつめると蒲鉾になる。これをすくって葛あんをかけ、おろし山葵《わさび》で食べる。人数次第で魚の量を多くする。少ししかできないものである。

1蒲鉾　水産加工品の一種で、寄せ物・崩し・潰し物と呼ばれたものの総称。魚の摺り身を細竹に塗り、炭火で炙《あぶ》ったチクワは焼き蒲鉾の一種であるが、板につけて蒸す蒲鉾が現在は一般的である。しかし、最も原始的と考えられるのはクズシと呼ばれるツミイレ式のもので、『本朝食鑑』「蒲鉾」の項には「細かい泥状に摺って、これを熱湯中に摘み入れると、餅状に凝結《かたま》る。これを久津志《くつし》という」とあり、白魚の蒲鉾は、これに近い製法と考えられる。

焼き柚餅子《ゆべし》

柚子の果肉を取る。うどん粉、うるち米の粉、もち米の粉各一合ずつに、黒胡麻少し、味噌三十匁（一一二・五グラム）、針生姜、針栗を柚子に詰めて蒸し、さます。これを小口切りにして炙《あぶ》る。

精進銀鰭《ぎんひれ》[1]

ぶんどう[2]を砂に蒔《ま》き、その上に水が一寸（三センチ）ほどたまるようにして室《むろ》[3]に入れる。三、四日すると水中に細い芽が出るので、これを取って用いる。

1銀鰭　上等のフカの鰭《ひれ》。ここでは精進ということで、ぶんどうのもやしをそれに見立てている。
2ぶんどう　緑豆のこと。『本朝食鑑』には「也恵奈利《やえなり》ともいう。京師《きょうと》では俗に文豆《ぶんどう》という」とある。
3室　物を入れて置いて、暖めたり外気に触れないように設計された所。

骨抜き鱧《はも》

鱧の身をおろして、皮に残った骨を取り去り、その皮に身をつけ、醬油をかけて焼く。

こまき

1金海鼠《きんこ》を湯煮して巻き湯葉《ゆば》に包み、油で揚げる。取合せの方法はいろいろあるが、煮物によい。金海鼠色付の煮方は、半日ほど水に漬けておいて後に湯煮する。また別に湯を沸かしておき、ゆで湯を四、五回もかえて湯煮するとそのうちに黄色くなる。

1金海鼠　ナマコの一種で、全長二〇センチにおよぶ。北海道・東北に分布し、宮城県金華山産のものが珍重された。なお、『毛吹草』には陸奥国の名産の一つに「金鼠」が見え、「金華山ト云嶋ニ有海鼠也、腸共ニ用之、ワタ金色ナリ」という割注が付されている。

料理山海郷巻之三　終

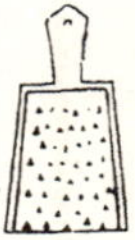

難波津《なにわづ》
梅干《うめぼし》の肉だけに砂糖を入れ、裏漉《うらご》しをして紫蘇《しそ》の葉に塗《ぬ》る。麻の実一粒に梅肉を少しずつ入れて巻き、五、六分（一・五～一・八センチ）くらいに切って漬け、砂糖をふっておく。梅肉に砂糖がしみ込んでから食べる。

茶碗蒸《ちゃわんむし》
鱧《はも》をおろして皮だけを水一升余（一・八リットル強）に入れ、半分になるまで煮つめる。この汁でおろした身を擂り、たぶたぶになるほどにして茶碗に入れて蒸し、葛あんをかけ、山葵《わさび》を添える。汁を捨ててはいけない。

早葛《はやくず》
[1]琉球芋《りゅうきゅういも》を煮て皮をむき、[2]笊籬《いかき》に入れて擂り、水漉《ご》しにして沈澱させたものを用いる。

茶碗に入れて蒸すから「茶碗蒸し」。江戸時代の茶碗蒸しには玉子を使わないものが多い。

使い方は普通の葛と同様である。葛は継粉《ままこ》[3]になることもあるが、この早葛は継粉になることはない。

1琉球芋　甘藷。サツマイモのことで、もとは琉球から渡来した。

2笊籬　『下学集』には「味噌漉《こし》也」とあるが、『物類称呼』には「筲、いかき○畿内及び奥州にていかき、江戸にてざる」とある。

3継粉　粉を水などでこねる場合、十分にこなれないで固まりになる状態をいう。

粕煮《かすに》もどき

鴨を造りにして薄塩をふり、ほかの品を見合わせて味をつける。鱧の摺り身に玉子を入れてかなりゆるくし、酒で味をつけて煮たものを、この上にかける。

精進身鯨《しょうじんみくじら》

麩《ふ》を擂鉢《すりばち》へ入れ、よくもみ砕いて、きらず[1]のようになったら塩を混ぜて、またもむ。もむと固まってくるので、ちぎって油で揚げる。

1きらず　雪花菜とも書き、豆腐のカラのこと。『本草綱目啓蒙』には「(豆腐を) 搾タル滓ヲキラズと云、一名ウノハナ」とある。

精進皮鯨[1]《かわくじら》

豆腐の水をしぼって箱に入れ平らにする。その上に豆腐に鍋炭《なべずみ》を混ぜたものをまた並べ、押しをかける。箱を破って取り出し、湯煮して小口から切り、色がつかない程度に油で揚げる。油は胡麻《ごま》油がよい。

1精進皮鯨　『豆腐百珍続編』には、「海鰌《くじら》とうふ」の製法が記されており、ほぼ同様であるが、鍋炭の代わりに昆布の黒焼きを用いてもよいとしている。

鯛の白子

鯛の白子を煮てから焼いて使えば、堅くてあわ子[1]のようになる。

1あわ子　粟粒のように極めて小さい魚卵の総称で、主にヒラメやタラの卵などを指す。精巣を卵巣に見立てている。

蕎麦練り《そばね》

蕎麦粉を普通の蕎麦練りのように鍋で堅く練り、その上に水をいっぱい入れて炊く。これは蕎麦のあくを取るためである。湯を捨ててその後練りなおすが、杓子《しゃくし》で練るのはよくなく、女竹《めだけ》1を煙管《きせる》2のラウくらいに切って練るとよい。これで練ると鍋にもつかず具合がよい。膳に出すときは白湯《さゆ》を熱く沸かして椀に入れ、右の蕎麦練りを玉子ぐらいの大きさに取り、湯に浮かして出す。香頭《こうとう》は普通の蕎麦切りと同じ。汁は鰹を水出し3してその後に醤油を加えて加減する。水出しが多いと汁が薄くなるのでくれぐれも注意する。

1女竹　高さ六メートル・直径三センチほどの竹の一種で、カワタケ・ナヨタケ・オナゴダケ・シノダケなどと称される。
2煙管のラウ　煙管のがん首と吸口を繋《つな》ぐ管。
3水出し　水に上等の削り節を入れて重石をし、四〜五時間おいてだしを取る方法。

紫蘇《しそ》気点《けでん》

信濃《しなの》1の梅干《うめぼし》の種を取り、梅肉の中に粒胡椒《つぶこしょう》を一粒入れ、その上を紫蘇の葉で包み、白砂糖に漬けておく。

1信濃の梅干　『毛吹草』には信濃国の特産品の一つとして「小梅」が見える。

ずいき漬

唐《とう》の芋《いも》のずいきの皮をむき、一尺（三〇センチ）くらいに切って熱湯をかけ、少し重石をかけて水気を取る。ひと重ねごとに塩をふって漬ける。麴を少し入れてもよい。上に藁を敷いて重石をかける。

1唐の芋　「からいも」と呼べばサツマイモの異称であるが、原本には「とうのいも」とあり、ここでは中国原産で海老芋・猿芋などと呼ばれるサトイモの一種。唐芋の葉柄である芋茎《ずいき》は良質柔軟で食用となる。なお、関東以西で栽培されるが、群馬県新田郡長楽寺の『永禄日記』永禄二（一五五九）年二月二十八日条には「唐イモノタネヲ半俵ホド持参」と見え、戦国期に北関東で栽培が行なわれていたことがうかがえる。

早糠味噌《はやぬかみそ》

もち米の糠をよくふるい、豆の粉同量と塩適量を合わせる。砂糖を少し入れ、酒で必要な分だけこねて用いる。

潤眼鰯

眼がうるうるしているから「うるめ鰯」と名付けられた（『魚貝能毒品物図考』）。

もやし菜

菜種を水に漬けておく。黒土をよくふるう。下肥えを日に干してもみ砕き、家鴨《あひる》の玉子をつぶして灰に混ぜ、日に干しておく。黒土で下地をならし、菜種を蒔《ま》く。このときに右の灰を平均におき、白水[1]を注ぐ。

1白水　米のとぎ水のこと。四三頁の注参照。

うるめ蒲鉾《かまぼこ》

生干しのうるめ[1]の頭と骨を取り、魚肉の摺り物をつけて焼き、うるめとともに食べる。焼き加減を考えること。

1うるめ　潤目とも書く。ウルメイワシのことで、マイワシに似るが脂が少ないため、乾物に用いることが多い。

北高麗《ほくこうらい》

干鮭の目である。水に漬け、よくふやかして味噌汁や吸物に用いる。越前[1]からくるものである。

1 **越前**　『毛吹草』には越前国の名産の一つとして「鮭」が見える。

麩はんぺん

生麩をよく摺って、普通のはんぺんのように煮る。

龍田《たつた》川《がわ》

大和芋《やまといも》[1]を湯煮して紅葉の形に切り、梅酢に漬けておき、小口切りにして用いる。急ぐときは紅で染めてもよい。

1 **大和芋**　ナガイモの一種で、根茎は不規則な塊状となるので、摺ってトロロとして食する。なお、料理名は龍田川が古くからの紅葉の名所であることにちなむ。

白髪豆腐《しらが》

普通の豆腐を細く切ったものである。薄刃に酢を塗って切ると思うように切れる。味付けは好みによる。

南蛮味噌《なんばん》

味噌に麻の実、榧、山椒などを入れて油で揚げる。味付けは季節によって好みでよい。

牡丹餅《ぼたんもち》

うどん粉一合に葛半合と米の粉少し、芋をよく擂って米と同量にして一杯、さらに砂糖適量を入れ、やわらかくこね、敷布に黒胡麻をふった上に流して蒸す。半日前にこしらえるとよい。冷やしておくこと。切り形は好みとする。

鴨蕪《かもかぶら》

近江蕪《おうみ》[1]を厚く平らに切る。中をくりぬいて鴨の身、油皮を並べて詰め、蕪で蓋をして蒸す。葛をかけて食べる。

1近江蕪　近江国は蕪の産地として知られ、特に大津尾花川地方のものが良品とされる。晩くなるものの形は大きく偏平で底が凹《へこ》むため、すわり蕪の異名がある。

雪こがし

太い長芋の皮をむき、湯煮して輪切りにする。引き飯[1]を蒸し、さまして砂糖を適当に加え、水でこね芋にまぶしつけて、油で揚げる。

1引き飯　干し飯で作った粥。道明寺糒《ほしいい》に同量の熱湯を加えて十分ほど蓋をして蒸してもよい。なお、「こがし」は米や大麦などを炒って粉にしたものの意。

早甘酒

玉子一個、酒を杯に一杯、砂糖を杯に一杯、干し飯も杯に一杯、これらに水を適量加え、沸かして飲む。

[1]黄檗煎出《おうばくいりだ》し

揚げ油をかなり多めに入れる。適当に豆腐を切って、銅の網の籠《かご》に入れ、揚げ油を熱した中で、この豆腐を二、三度ふりまわして揚げ、すぐ醤油に入れる。この醤油には酒を少し加えて加減し、別に沸かしておく。

1黄檗煎出し　黄檗豆腐のこと。黄檗宗総本山京都宇治の万福寺には精進の卓袱《しっぽく》料理である普茶料理が伝わる。すなわち、比較的油を多く用いた普茶料理法による豆腐料理の意であるが、『料理網目調味抄』では、水を切って両面を焼き、醬油を付けたものを黄檗豆腐と称している。

土佐粉

極上のもち米を寒のうちに水に入れ、外に出して七、八日目に笊籬《いかき》にあげて水を切る。これを臼に入れて少しずつ搗《つ》いていく。それをせいごう[1]でふるう。

1せいごう　精好。精好は精密で美しい絹織物のことであるが、ここでは絹篩《きぬぶるい》の意。

三品漬《みしなづけ》

酢と酒を同量ずつ煮てさまし、川鱒、大根、防風《ぼうふう》、唐がらしなどを漬けておいて用いる。

鰹刺身《かつおさしみ》[1]

鰹を適当な大きさに切り、火当てにし〈火当ての方法は沖鱠の項（一九頁）に詳しい〉、造りにして上に塩を平均にふり、柚《ゆ》酢をかける。

鰹を売り歩く棒手振りの魚売り。買ったその場でさばいてくれる(『四時交加』)。

1 **鰹刺身**　鰹のたたき鱠のことである。

琥《こ》珀《はく》糖《とう》

寒のうちに桶に水を入れ、玉子を一つ入れる。そこに塩を入れると玉子は浮き上がる。この季節のうちに玉子を何個でも入れておく。夏になったら取り出し、玉子を割ると白身は流れて黄身は赤く固まっているので、それに焼き塩をかけて食べる。

桃香《とうこう》味噌

大麦一斗を充分に搗き、四日ほど水に漬けておいて、たびたび水をかえる。そしてうどん粉一斗と、黒大豆五升を煎って黒皮を取ったものと、これら三種類をよくかき合わせて蒸し、麹のようにねかせておく。これを水一斗（一八リットル）に塩二升を入れてよく炊き、八升（一四・四リットル）まで煮つめてよく冷やしておく。これに右の麹をよくまぶし、重石を強くかける。三日目に、黒大豆五合を煎って粉にしたものと、もち米五合を煎って粉にしたものの二つをまぶして入れる。六月の土用のうちに仕込み、七十五日の間よく押しをかけておく。粒山椒や麻の実などを入れたものもよい。

鯖目《さばめ》たたき酢

鯖のえらとわたを取り、頭と骨と身を一緒に細かくたたく。塩・胡麻・醤油・酢・大根おろし・からし、以上を一緒に入れて和える。

1阿茶羅《あちゃら》漬《づけ》

酢三升（五・四リットル）に酒一升（一・八リットル）と、塩七合の三種を合せて煮立たせ、二度煮立ったものをよくさましておく。どのような魚でも造りとしてその身をこれに漬ける。寒中につくって一年中使う。

1阿茶羅漬　漬物の一種で、一般には唐辛子を加えた甘酢に野菜などを漬けた物をさす。語源は漬物を意味するacharで、ポルトガル語ともペルシャ語ともいわれている。ここでは魚に限られしかも甘酢ではなく唐辛子も用いられていないが、これとほぼ同様の漬物は『合類日用料理指南抄』に「南蛮漬」、『料理網目調味抄』に「阿茶蘭漬」として見える。

茶巾《ちゃきん》豆腐

豆腐一丁を油で丸揚げにして一方を切る。その中をくりぬいて、魚・鳥・木くらげの類と玉子を入れる。口を昆布でくくって酒煮にし、おろし山葵を置いて出す。玉子は七分目ぐらい入れる。

早独活《うど》

芽《め》独活を摺《す》りつぶして青味噌[1]を入れ、また摺って、細い大根をよく湯煮して和えると、独活のようになる。独活のない季節に用いる。

1青味噌　『精進献立集』によれば、白胡麻を煎って摺り、これに味噌と青どりの粉（青海苔もしくは青菜などを乾燥させて粉としたもの）を入れてさらに摺り合わせたもの。

さいしんじょ（再糝薯）

床ぶしの貝に摺った魚を入れ、蒸して焼き塩で食べる。

焼き白魚《しらうお》

白魚を網に並べて焼く。網ごと裏返して焼くが、離れることはない。ほどよく焼いた後に、網ごと水に入れると魚は離れる。

花松茸

松茸の笠を取り、軸だけを六、七分（一・八〜二・一センチ）ほどに切って干す。春になったら花の形に切り、煮しめにして小口に切って用いる。

錦鯛《にしきだい》

生の中くらいの鯛を、うろこはそのままにしてえらとわたを取り、皮を背のほうからちぎれないように一枚にすく。腹の部分で皮を身につけておき、裏表とも同じようにする。塩湯を熱く沸かしてこの鯛を煮る。

早柚餅子《はやゆべし》

柚子《ゆず》の中をよく取る。つくね芋[1]をゆでて擂り、葛、黒胡麻、唐がらし、糯粟《もちあわ》を湯に漬けておいたもの、これらを右の芋と一緒にして柚子の中によく詰め、蓋をして蒸す。温かいところを切って食べる。さめてしまっては早柚餅子にした意味がない。

1つくね芋　仏掌薯と書き、筑芋とも称する。自然薯《じねんじょ》の栽培変種で、根が開いて掌状を呈するところからこの名がある。

籠簀干し《かごすぼし》

生の鰹を焼き物用ほどの大きさに切り、塩をふる。籠目で両方からはさみ、ところどころを針金で結び、身がはじけ出てもかまわずに、そのまま竿《さお》にかけて日に干す。そのあとで籠ごと焼いて籠をはずして用いる。籠目がつくのが特色である。

龍眼酒《りゅうがんしゅ》

焼酎二升（三・六リットル）に氷砂糖を擂り砕いたもの半斤（三〇〇グラム）と、龍眼《1りゅうがん》肉《にく》の皮と実を取って、肉のみ一斤（六〇〇グラム）を、一緒に壺に入れ口をよく締める。これを湯煎《ゆせん》にして少し温めた後、雨の当たらないところに埋める。十日くらい置けばよい。

1龍眼肉　ムクロジ科の常緑喬木で、中国南部の原産。種子は肉質で甘味の仮種皮に被われ、食用・薬用に供する。この種子のことを龍眼肉と称する。

きつき納豆《なつとう》[1]

黒豆一升を味噌にするくらいまで煮る。大麦一升を煎って細かく挽《ひ》く。ただし、これは小麦でもよい。右の大豆をまぶし七日寝かせて、その後半日ほど干してさます。塩三合に水六合（一リットル）を煮立たせ、よくさましたもので、右のものをよくこね合わせる。容器に固くつき込んで、七日ごとに取り出して三度つく。納めるときに山椒、紫蘇、生姜などを入れておく。

1きつき納豆　『古今料理集』では「きづき納豆」と見え、浜納豆の風味のよいものだとしている。

盛分和《もりわけ》え

梨のからし和え、にんじんの黒和え、香茸《こうたけ》[1]の白和え。これらの和え方は普通である。この三色を盛り分けて出す。

1香茸　皮茸のこと。笠の裏面に毛様の針が密生し、獣皮に似るところから、シシタケ・カワタケと称された。なお、コウタケはカワタケの音便。

玉子蕎麦《そば》切り

蕎麦粉一升に玉子を十個入れる。打ち方は普通の通りである。

梅杏糖《ばいにんとう》[1]

味噌に砂糖を少し混ぜて梅杏を包む。衣に青海苔《のり》をつけて焙炉《ほいろ》にかける。

1梅杏　梅の仁。すなわち梅の殻を割った中身の部分。

菊よう

糯粟《もちあわ》をよく蒸してさまし、菊の葉に粟を包んで昆布でこぼれないように結ぶ。うどん粉に醤油を少し加え、衣としてかけ、すぐに油で揚げる。

新製径山寺味噌[1]

黒大豆六升〈煎って挽き割り、皮を取る〉、大麦六升〈煎ってざっと挽き割る〉、この二品を水で適当に湿し、よく蒸して麴にねかし、日に干して納豆のようにする。茄子五十個

径山寺味噌（金山寺ひしお）は漬物屋でも売られた（『宝船桂帆柱』）。

〈二つ割りにして厚さ一分（〇・三センチ）くらいの櫛型に切って干す〉、青瓜三十個〈四つ割りにして中身を取り、厚さ一分くらいに切る〉、生姜一升〈皮をむき適当に切る〉、茗荷《みようが》六、七十個〈四つ割り〉、紫蘇の葉〈二つ三つに切って十つかみほどで実も加える〉、蓼《たで》〈穂も入れる〉、以上の品々を一緒に塩で押し一夜おく。翌日取りだしてしぼりあげ、よく日に干す。もし雨天ならば天気がよくなるまで漬けておき、よい天気の時に干す。塩辛くないようにして和茴香《ういきよう》[2]〈十両（三七五グラム）ほど煎る〉、薏苡仁《よくいにん》[3]〈十両ほど煎ってそのまま〉、麻の実〈三、四合煎る〉、粒山椒〈三合そのまま〉、山椒の皮〈幅一分ほどに切って適量入れる〉、陳皮《ちんぴ》〈十両ほどを水に漬けて裏の白いところを取る〉、以上の品々は仕込むときに入れる。

瓜や茄子、その他の塩出しをする。また、七、八月の頃で青瓜のある時期につくっておいて日に干す。もっとも味噌を仕込むのは寒気に向かう時季がよい。大豆と麦の干したものを仕込むときには、水一升（一・八リットル）に塩を二合五勺の割合で入れ、ひと煮立ちしたらさまし、その塩水で仕込む。加減は、手に握ってしぼるとたらたらと汁の垂れるほどにする。茄子などの品々を入れてよく混ぜ、桶もしくは壷などに入れて、よく押しつけて蓋をし、渋紙[4]で口を結び、涼しいところに置く。十日くらいしたら上下をかき混ぜ、また元のようにして置いておく。ただし、二、三度右のようにするとよい。かき混ぜるときに、堅ければ右のようにして塩水を入れる。この塩水は三、四升（五・四〜七・二リットル）ほど煎じる。どれもよく干したものなので、仕込むときには、かなり汁気を多くしておくとよい。大豆と麦はこの分量であればどれだけでも仕込むことができる。

1径山寺　金山寺とも書く。中国浙江省の古刹で、同寺の製法を伝えたという嘗《なめ》味噌を径山寺味噌と称する。なお、『嬉遊笑覧』には「金山寺味噌は紀州若山（和歌山）金山寺の名物にて江戸に流行出しは享保年中よりとなむ」とある。

2茴香　セリ科の多年草で、南ヨーロッパ原産。全体に芳香があるが、果実は円柱状で特に芳香が強く、薬用とする。

3薏苡仁　ハトムギの種子の子殻を取り去ったもので、薬用に供する。
4渋紙　紙をはり合わせ柿渋を塗ったもの。防寒・雨よけとなる。

いかなご醤油

潮《うしお》五升（九リットル）に塩七、八升入れて煮立たせ、いかなご[1]を入れて煮る。桶の上に笊籬《いかき》を置き、そこにあげる。この魚〈京・大坂ではかますごという〉を煮ると、桶に油が浮いてくるから、これをすくい取り灯火の油として使う。桶の下の呑口《のみくち》を抜くと塩汁ばかりとなる。これに水をさして何度もこのように煮立たせた後には、塩を入れなくとも次第に色がつき、醤油のようになる。これをいかなご醤油[2]という。吸物の味加減に使うとよい。十二月から四月頃までは播磨明石から出回る。十二月以前には淡路岩屋から出回る。

1いかなご　玉筋魚《いかなご》。イカナゴ科の海産硬骨魚で、関東ではコウナゴという。長く槍状を呈し、カマスの稚魚に似ているところからカマスゴとも呼ぶが、カマスの稚魚ではない。北方に生長するが、九州地方まで回遊する。なお、ゆでたてを簀にとったものを釜上げという。
2いかなご醤油　魚醤の一種で、秋田のハタハタのショッツルに似る。

料理山海郷巻之四　終

仙台冷し物

大猪口《ちょく》[1]に何でもよいから三切れほどずつ入れ、水を入れておいて、これを銘々に引く[2]。

1猪口　普通は酒を飲む杯のこと。ここでは、小丼の意で、刺身や酢の物などを盛る。

2引く　引き物として出す場合には、初めから膳にのせられているのではなく、鉢盛などから銘々が取りまわすことをいう。

九二《くに》いし[1]

酒九杯に醤油二杯、これに水四杯を入れて焼豆腐を煮る。夕飯に用いるときは、朝飯後から炭火で煮る。ある程度は右の分量を加減する。

1いし　女房詞「いしいし」の略で、団子のこと。豆腐を団子に見立てたものか。

三笠味噌

糠《ぬか》一升を色がつかない程度に煎って、さめないうちに麴《こうじ》一升と極上醬油五合（〇・九リットル）をかき混ぜ、壺に入れておく。二十日でなれる。口を開けて五十日ぐらいもつ。

一夜酒

白麴を水に漬けてよくもみ砕き、白砂糖を適量合わせ、これをこして飲む。

縮《ちぢ》み鱧《はも》

鱧をおろして小骨を抜き、酒を加える。俎《まないた》の上に紙[1]を一枚敷いて、その上に摺り身を薄くのばし、煮え湯をかけると縮む。切って吸物などに用いる。

1紙　この場合、紙を後ではがすと考えるべきであろうが、紙ごと食していた可能性も高い。『料理物語』の菓子の部には、杉原餅の製法が見え、細かくちぎった杉原紙とゆでた山芋の葉を米の粉でこねている。また、『古今著聞集』には紙みそうず（紙雑炊）を食した僧侶の笑い話がある。なお紙の食用については『料理珍味集』の「目くり餅」（一七〇頁）を参照のこと。

晒《さら》し生姜《しょうが》

寒のうちに、生姜の皮をむき、薄く切って七日ほど水に晒す。その後、一夜塩押しして、天気のよい日に干す。生姜正味一升に塩七合入れるとよい。

柿香の物[1]

柿をそのまま糠に漬けておく。渋柿がよい。

1柿香の物　堅めの柿を用いる。皮つきでも四、五日で渋は抜ける。なお、渋を抜くだけなら焼酎をかけてもよい。

目黒[1]淡雪《あわゆき》

目黒の骨を取って背切りにし、湯煮してから酢をかけ、大根おろしをかける。

1目黒　京阪では一般に目鹿とよばれる小型のマグロを目黒と称する。なお『毛吹草』には安房国の名産として「目黒鰹」が見えるほか、北陸ではウルメイワシをメグロイワシともいうが、著者は京阪の料理人なのでマグロとしてよいだろう。

下総の国（現在の千葉県）の西瓜畑の様子（『大日本物産図会』）。

包み味噌

生の小鯛のうろことわたを取ってよく洗う。鯛の腹に針独活《はりうど》と味噌を入れて蒸す。

素麺《そうめん》豆腐

豆腐に葛を入れてよく摺り合わせる。俎《まないた》に紙を敷き、摺り合わせたものをのばして巻く。湯煮して切ると、素麺のようである。

西瓜糖《すいかとう》

大きな西瓜一個の赤いところだけを、種を取って切り、塵を取った白砂糖百匁（三七五グラム）を加える。西瓜が中くらいであれば砂糖は九十匁（三三八グラム）

でもよい。生姜《しょうが》の皮をむき、湯煮して切って入れる。量は好みによる。非金属製の鍋で、汁がねばるほどよく煮てから壺に入れておくと、いつまでも風味は変わらない。

焼き麩

串を渡して麩をのせて焼く。串ごと裏返しても離れることはない。両面よく焼いた後に串を取る。

白魚の保存の仕方

白魚を長いこと保存するには、糠《ぬか》でまぶしておけば、九日、十日はもつ。

くるみ酢

くるみ酢は、くるみをよく摺って酢で溶き、水嚢《すいのう》で裏漉《うらご》しして用いる。

深山茸《みやまたけ》

大しめじを蒸して笠の内に青味噌をかけ、玉子をかける。平皿物または焼物などの取合せによい。

薄紅梅《うすこうばい》
煮梅の肉だけを取り、砂糖を多めに加え、うどん粉を少し入れる。非金属製の鍋で炭火にかけて練り、梅杏《ばいにん》を割って入れる。

定家蒲鉾《ていかかまぼこ》
魚の摺り身をやわらかくする。白水[1]を釜に沸かし、この摺り身を杓子ですくい入れ、煮てから、葛あん・わさびをかけて食べる。この蒲鉾は鍋で煮てはいけない。

1白水　四三・八二頁参照。

蘇子酒《そししゅ》
酒一升（一・八リットル）に、紫蘇《しそ》の実一合を煎って布の袋に入れ、これを酒の中に漬けておく。三日後に取り出して飲む。

塩辛汁《しおからじる》
塩辛は何の塩辛でもよいから洗って煮出す。汁は濁るが、これを沈澱させ、すまして用いる。鰹のだしで加減し、青味を少し入れるとよい。ただし、塩辛のにおいを楽しむものであるから、椎茸や三ツ葉のように香りの強いものは入れない。

春日《かすが》[1]味噌

酒粕六貫目（二二・五キログラム）、大豆六升、麹六升、塩六升。この塩のうち四升には粕を合わせる。ただし粕はこまかく切って四升の塩と合わせて二日ほどおく。大豆を炊き、残りの二升の塩に麹を合わせて仕込んでおく。七十日ほどでなれる。

1春日味噌　酒粕を混ぜるところから、奈良漬の奈良にかけて春日と名づけたものか。

揚げ麩

生麩に豆のごう[1]を入れ、充分にひき混ぜて適当な大きさに切り、油で揚げる。つぶれないものである。

1豆のごう　豆の呉。大豆を水に漬けて摺ったもので、オカラを分離する前のドロドロした状態にある。

麩《ふ》の焼蕎麦《やきそば》

玉子麩[1]の焼を細く切り、わさびをおいて盛り、汁・煎酒を別に添える。

1玉子麩の焼　この製法については『玉子百珍』(『万宝料理秘密箱』前編の一部)には見えないが、三浦屋久治良の『水料理焼方玉子細工』に「玉子麩やき仕ようの事」という料理法が記されている。それによると、玉子三十個に豆腐三丁、煎酒五勺、醬油一合でつくる。湯煮した豆腐をふきんで水気がなくなるように絞り、擂鉢《すりばち》に入れて玉子と擂り合わせる。灰の火にかけ煮立ったら、擂り合わせた玉子と豆腐を入れてふかし、平たい長方形とするものだ、とあり、実際に小麦を用いた麩は使われていない。

露子《つゆこ》

山の芋を擂り、うどん粉と塩少々を入れて砂糖を加える。くちなしで濃く色をつけ、蒸《せい》籠《ろう》で蒸して棹物《さおもの》にする。味噌をつけるのもよい。

酒浸し焼

蒸し鰈《がれい》を厚さ一分(〇・三センチ)に小口から切り、酒に浸しておいてから焼く。

蛸氷煮《たこごおりに》

蛸をざっと湯煮して、そのまま外に出す。寒のうちは一夜で凍る。小口切りにし、醬油で煮返して食べる。

玉子煎出し《いりだし》

揚げ油を沸騰させ、玉子を割り入れてすくい上げ、煎酒[1]と山葵《わさび》で食べる。

1 煎酒 室町時代以来の調味料。『料理物語』には、鰹節と梅干を、酒と水および溜り汁を入れて煎じてこすという製法が載っている。

味噌煮鮒

味噌を煮立て、そこに鮒《ふな》を切り、生のまま初めから汁に入れて煮る。ひと吹き目には蓋を取ってはいけない。蓋の上から酒をさしてまた煮る。ふた吹き目に加減をみるのがよい。こうすれば、魚はやわらかによく煮える。

精進鱠《なます》

豆腐湯葉を醬油で煮しめて下地をつけてから油で揚げる。一日前に揚げておくとよい。

このほかは普通の鱠と同じようにする。

鮭早鮓《さけはやずし》

鮭の子を酒で煮る。鮭の身を造って子を上に置く。その間に昆布を置いて、また同じように漬けこむ。そこに飯を酢で洗い、塩加減して加え重石をする。初めは軽く、後は重くするのがよい。

浮世うどん

うどん粉一升に玉子を二、三個入れ、塩を加え、酒で固くこね、よく踏んで打つ。打ち粉は葛がよい。葛でなければ切れてしまう。世に玉子うどんというのは、これのことである。

蛸《たこ》浸し物

生蛸をいぼがないように皮を取り、かなり薄く小口切りにする。湯を沸かし、この蛸を入れてゆで、すぐにあげて浸し物にする。

蛸を肴に酒を呑む美女（「江戸名所百人美女　日本橋」)。

いんす汁[1]

垂れ味噌に、大根の輪切り、鱒《ます》を入れて汁に仕立てる。この鱒は身の赤い鱒ではない。藻魚《もうお》[2]の形をして、大きさは一尺二寸（三六センチ）もあり、春のうちにとれる。この鱒には三種類あるが、はた白鱒というのが極上である。春鱒は黄に黒、黄鱒は黄色であるが、身は白い。詳しいことは『山海郷』[3]の続編に記す。

1いんす　印子金のことで中国から輸入した良質な金塊をいう。鱒の色が黄色になるところから名付けられた。

2藻魚　ベラ・ハタ・カサゴのように沿海の藻のあるところにすむ魚を総称することば。ここに出てくる鱒は川の鱒ではなくハタの仲間。

3『山海郷』の続編　『料理珍味集』のこと。ただし、同書には該当する記述はなく、鱒については巻一に「晒し鱒」の記載（一二九頁）があるのみ。

早じゅんさい

山芋などの巻葉をとり、葛を溶いてよくまぶしてから熱湯に入れ、すぐに引き上げるとじゅんさいのようになる。

鯖鮓《さばずし》

鯖の鮓は、鯖の骨を抜いて皮を除き去り、腹に粟を蒸して塩を合わせたものを入れて漬ける。外に飯をまぶしつける。また鯖を古くからの鮓[1]のように飯に漬けて三枚におろし、皮を取り折り重ねて用いてもよい。

1古くからの鮓　原文にはないが、古くからの鮓は飯に漬け込んで作った。しかし江戸時代になると酢を用いた早鮓が主流となる。

鰯鮓《いわしずし》

生の鰯にかるく塩をして酢に漬ける。その後で粕に漬け、粕とともに食べる。

柘榴《ざくろ》

大納言[1]をつぶれないようによく煮る。干し飯をさっと蒸してさまし、砂糖を加え、右の小豆と混ぜる。もち米の粉を水でこね、うどん粉[2]を取り粉にして平らにし、右の餡《あん》を包み、一つずつ口を結んで蒸す。あるいは揚げて食べてもよい。

1大納言　大納言小豆のこと。上質で大粒のアズキ。尾張の名産だったので、尾張大納言にかけている。

2取り粉　搗きあげた餅を扱いやすくするために用いる粉のこと。

浅茅《あさじ》[1]

うどん粉を水と醤油でこね、蕨《わらび》の穂にまぶして油で揚げる。とうきびの粉を衣とする。

1浅茅　丈の低い茅の意で、蕨の穂をこれに見立てたもの。

茄子《なす》味噌

茄子を刻み、一番醤油の実[1]に、麴を多く入れて漬けておく。七、八月頃に漬けて十一月頃に使う。

1一番醤油の実　醤油は、炒って荒割りにした小麦に大豆を煮たものを加えて麴をつくり、塩を加えて一年間攪拌しながら寝かせ、圧力を加えて搾り出した液を煮つめて樽に詰め、さらに一年間寝かせるが、これを一番醤油という。このときのカスを一番醤油の実というが、普通はこれに塩を加えて、さらに二番醤油をつくる。

梅漬[1]

梅一升に塩を五合入れ、重石をかけてたびたび上下にふり返しておく。梅酢が上まで上がったら、梅を陰干しにして一日半干し、壺に入れて上に塩をふっておく。この梅酢を用いる。梅の皮をむいて入れ、そこに塩二合余をふり、その上に紫蘇《しそ》を洗って水気がなくなるまで陰干しにしたものを蓋のように置き、その上に塩二合ふってから箸でそろそろと押しつけておく。手を入れてはよくない。箸も水気のないようにする。いずれにしても、水気は取り、紫蘇の下に漬ける。漬けるときには塩は少しずつ入れる。麩はそのまま漬け、重石をかけて水気を取る。瓜《うり》・茗荷《みょうが》・竹の子・蓮根の類は、湯煮して水気を取ってから入れる。ほおずきは、上の皮を取り、塩を入れて漬ける。何にしても充分に水気を取らなければならない。

1梅漬　この製法だと、塩が多すぎよう。梅一升に塩三合くらいが適当と思われる。

思案麩《しあんぶ》

豆腐を布に包んで絞り、同量の生麩をつき混ぜて、布に包んで蒸す。これをさまして切り、醬油を加減して煮る。山葵《わさび》味噌をかける。

土佐麩

生麩にうどん粉を混ぜ、朝からよく挽《ひ》いて鍋でよく湯煮する。別に醬油を加減しておいて、この麩を俎《まないた》にのせて切り、醬油の中に入れる。麩は箸で切る。湯煮にはかなり長い時間をかけなければならないので、火が消えることのないようにする。

引きちぎり

百合根《ゆりね》の大きいものをよく湯煮する。小豆に砂糖を合わせたものを作っておき、これを付け引きちぎるようにして食べる。箸もの[1]に取り合わせる。

1箸もの　箸休め、もしくは箸洗いなどを指すと考えられる。

箙豆腐《えびらどうふ》[1]

梅花を甑《こしき》に入れ、豆腐も入れて蒸す。醬油と大根おろしで食べる。

1箙　箙はたくさんの矢を背負うための道具であるが、ここでは梅花を用いているところから、「箙の梅」という能の曲名にちなむ命名と思われる。

南蛮煮《なんばんに》

鯔《ぼら》をそのまま丸焼きにして、さらに油で焼いて焦がす。ねぎを入れた鰹のだしと醬油で煮る。

精進飯蛸《いいだこ》

麩に味をつけ、強飯を包んで口を昆布で結び、醬油で煮る。さらに油で揚げ、二つに割って食べる。

菊葉酒《きくようしゅ》

軽い酒一升（一・八リットル）に菊の葉二十枚、氷砂糖の粉半斤（三〇〇グラム）を一緒に壺に入れ、蓋をして風の当たらないところに五日置く。六日目に中をよくかきまわし、また元のようにして、五日目ごとに右のようにすると、三十日目になれる。

料理山海郷巻之五　大尾〔終〕

料理珍味集

序

太古はまだ火を用いることがなく、ただ禽獣《きんじゅう》の血を飲み、生肉を食うだけであった。庖[1]《ほう》犠《ぎ》氏が初めて生ものをあぶり、煮て、生のものを食べるということを変えた。さらに神農[2]《しんのう》氏が民に穀物を食べることを教え、米粒を焼き石の上に置き、炒ってこれを食べさせた。

黄帝[3]《こうてい》の時に、初めて釜や甑《こしき》をつくって、食物を煮たり焼いたりする方法が整えられ、今日では庖人《りょうりにん》は技をつくして美味を献ずるようになった。穀類を肉に似せ、肉を穀類に変えるということは、料理の加減でなくてなんであろうか。洛東の博望子《はくぼうし》は、その方法に熟達していて、先に美味佳肴《かこう》を選び、すでに上梓して天下に公にした。『料理山海郷』がそれである。この度また、それには漏《も》れた新製珍味を拾って後編が成ったのである。題して『料理珍味集』という。

ある日私は序を乞われたので、幾度もこれを熟覧したところ、まことに珍製美味であり、まだ食べてもいないのに口中で味わっているようであった。ようやくに唾液《よだれ》を拭い、舌を打って、これを書くものである。

1 庖犠氏　中国古代の伝説上の天子で、犠牲を養って料理の材料としたので、その名がある。
2 神農氏　同じく中国古代の伝説上の皇帝の名で、初めて人民に農業を教えたので、その名がある。なお、木の徳・火の徳を有したため、炎帝とも称された。
3 黄帝《こうてい》　同じく中国古代の伝説上の皇帝の名で、軒轅《けんえん》氏ともいい、暦算・音楽・文学・医薬などを創始したという。

宝暦十三〔一七六三〕未の年　十一月吉日

華文軒主人　印

長崎打鯛《うちだい》[1]

生の鯛を三枚におろして皮を取り、薄身[2]と赤い身を除く。葛を打ち粉にして打ちのばすと、思うように平らになる。これをうどんのように切って、薄いのっぺい[3]にするとよい。煮すぎると粉がざくつくので、煮加減をよくよく心得ておかなければならない。

1長崎打鯛　卓袱《しっぽく》料理の一つ。これを現代風にするなら、油で揚げ、食塩を少しふる。

2薄身と赤身　薄身は魚をおろした時の内臓を包んでいる腹側に付いている腹骨のことで、赤い身は血合いを指す。

3のっぺい　能平（濃餅）汁のこと。油揚・大根・椎茸・人参などを汁で煮こみ、葛を加えて、どろりとさせた料理。『料理物語』には鴨を用いた「のっぺいとう」なる料理法が見える。

胡椒飯《こしょうめし》[1]

米一升に、胡椒《こしょう》の粉を小さじ二杯、醤油を陶器の入れ物に一杯を一緒に混ぜて飯を炊く。

鯛をさばく庖丁師。手は添えず箸を使う（『七十一番職人歌合』）。

汁は鰹《かつお》のだしに、醬油を辛くないように加減して、青刻み昆布を短く切って入れる。[2]香頭《こうとう》は、大根おろし・陳皮《ちんぴ》・唐がらし・山葵《わさび》を用いる。

1胡椒飯　当時胡椒は一般に普及し、東インド会社が余分にかかえた胡椒を長崎藩に売っており、長崎藩はこれを対馬を経由して朝鮮に売り込んでいた。当時、薬味として盛んに使用されていた。

2香頭　五四頁の注参照。

桔梗《ききょう》玉子

玉子[1]を煮ぬきにして、皮をむき、また湯煮する。温かいうちに箸《はし》にはさんで桔梗の形にして再び湯煮すると、中の黄身もともに花の形になる。柿の形にするのもねじるのも同様にする。

1玉子を煮ぬき　ゆで玉子にすること。昔の料理本に出てくる「煮ぬき玉子」はゆで玉子のこと。

此花《1このはな》

梅の花落《2はなおち》の実〈花が散った後の豆小豆《あずき》ほどの大きさの実〉を取り、水に七日ほど漬けておいて、酢味を取り、塩にまぶして一か月ばかり漬ける。塩汁があがれば、塩汁を捨てて、白砂糖をまぶしておく。

1此花　『古今集』の序に「難波津に咲くやこの花冬ごもり今を春べと咲けやこの花」とあるところから、梅の花の雅称を此花という。

2花落の実　梅に限らず、ナスやキュウリなどの花が落ちて間もなく取った熟さない実のこと。

越前沖鱠《1おきなます》

鰆《さわら》を釣って鱠に造り、籠に入れて船にくくりつけて、海水に漬け一時《2いっとき》ばかりも漕《こ》いでから、からし酢をかける。鰆に限らずどんな魚でもよい。船遊山《ふなゆさん》の折には、沖で必ずこれを食べる。

1沖膾　沖で釣った魚を、すぐにその舟で膾にして食べる料理。一九頁の注参照。
2一時　約二時間。

白田楽《しろでんがく》
豆腐を普通のように田楽にして、味噌を胡麻《ごま》油で溶いたものを、焼く前に塗って焼く。味噌は焦げず、中によく火が通るものである。

寄せ鶏冠《とっさか》
鶏冠海苔を洗って、よく湯で煮ると溶ける。それを水囊《すいのう》で漉《こ》し、四角い器へ移し入れよくさましてから、細く切り刺身に用いる。ところてんのようなものである。

1鶏冠海苔　四四・五七頁の注参照。
2水嚢　五四頁の注参照。

塩蛸潮煮《しおだこうしおに》
塩蛸をよく洗い、皮といぼをともに取り、二つ三つ繋《つな》ぎに薄く切る。鍋になにも入れずに温め、鍋が焼けたとき、切った蛸を入れて蓋をして煮ると塩が出るので、蛸を引き上げる。蛸から出た塩をそのまま利用し、水を入れて、加減をする。蛸は煮てはいけない。蛸は温めてすぐに食べる。

信楽和え《しがらきあ》

牛蒡《ごぼう》をささがきにして湯で煮る。水気を切って山椒味噌で和える。

白梅酒《はくばいしゅ》

冬のうちに白梅の花を百個ほど水に漬ける。一夜おいて、内《なか》の匂《にお》いを取り去り、花びらだけを軽い酒に漬けておく。酒一升(一・八リットル)に花百個と雪水を少し入れる。十一月中旬に仕込んだ酒を正月になってから使う心づもりとする。出すときには漉《こ》してから用いる。

とろろ汁の温め方

つくね芋を摺《す》り、生栗を一つ摺り入れる。やわらかく仕立てて鍋に移し温めると切れることはない。強火で炊《た》くとねばりが強く出てよくないので、ゆっくり炊かなくてはいけない。また、伊万里《いまり》焼の茶碗に入れて温めるのもよい。

早煮梅

傷《きず》がない大粒の生梅を猪口《ちょく》に入れ、飯を炊くときに水が引かないうちにその猪口を浮かすように置く。飯が炊き上がった後で猪口を出して上澄みの湯を捨て、ねばりはそのまま残しておき、白砂糖をかけて食べる。数多くつくりたいときには、鉢に入れるが、鉢より上に梅が出ないようにする。よくさましてから食べる。

ゆり汁

すまし汁である。垂れ味噌[1]と醤油で加減し、茎の葉を細かく切ったものと揚げ豆腐のせん切りを入れる。

1垂れ味噌　三一頁参照。

鱸《すずき》の鮭焼[1]

鱸を三枚におろし、身に塩をふり、酒に漬けておく。醤油を薄くして酒と合わせ、色がつくくらいにかけながら焼く。敷ねり酒[2]で出す。

1 **鮭焼**　鮭は酒とかけており、鱸を醤油で色をつけて鮭に見立てている。

2 **敷ねり酒**　醤油と酒とを合わせて煮つめた汁を皿に敷き、その上に料理を盛る方法と思われる。

蜜柑鱠《みかんなます》[1]

蜜柑の袋を裏返して十五、六個を皿に盛り、砂糖をかける。

1 **蜜柑鱠**　当時の蜜柑は紀州の温州蜜柑が主で、現在のように甘くはなかった。

兵庫煮《ひょうごに》[1]

小さな鱧《はも》のわたを取って、小口から骨と一緒に薄く切り、薄醤油で煮る。

1 **兵庫煮**　兵庫竜野の淡口《うすくち》醤油を使用したための命名か。なお、当時は、鱧も兵庫沖ではたくさんとれた。

葉蒸《はむし》

豆腐をうどんのようにできるだけ細く長く切り、青木[1]の葉に十本ほどのせ、形を損わないように、ざっと水を打って蒸し、葉を取り去って椀に入れ、葛だまりと摺り山葵《わさび》を交互に出す。蒸しすぎないようにする。湯気が通ればよい。椀の中がさっぱりするのを楽しむものである。

1青木　ミズキ科の常緑低木で庭木としても栽培される。その葉は長楕円形で、縁に粗い鋸歯があり、火に焙るとやけどや切り傷に効くという。

芹漬《せりづけ》

根芹を茎漬にする。漬け方は菜と同じで、醬油と酢をかけて食べる。

苺汁《いちごじる》

生の車海老《えび》の皮をむき、身だけをたたいて摺り身にし、小さく丸めて汁に入れる。色が赤くなるものである。

雲かけ豆腐

豆腐を適当な大きさに切り、米の粉をまぶして蒸す。山葵《わさび》味噌をかけて食べる。

煮和え

大根を短冊《たんざく》に切ってゆでる。胡麻・生姜・味噌を固く摺って、大根のゆで汁を捨て、鍋に味噌を入れて和える。

さんすい素麺《そうめん》

蒲鉾《かまぼこ》を二分（〇・六センチ）角に長く切り、胡麻油で揚げる。根深[1]を五分（一・五センチ）切りにして、残った油で焦がし油を取り除く。鰹のだしに醤油を仕掛け、ゆでておいた素麺に、蒲鉾・ねぎを入れて一緒に煮る。

1根深　ねぶか。ネギの異称。根を深く地中に下し、白根の部分が多いことにちなむ。ネギのうちでも長く白い葉鞘部を食用とするため、基部に土をかけて栽培する。千住ネギ、下仁田ネギなどが知られるが、根深に対して、主に青味を食用とする弱葱に、ワケギやアサツキがある。

春駒豆腐《はるこまどうふ》

豆腐一丁を、布目のところを取って四つに切る。生《き》醤油で煮しめ、さまして油で揚げ、煎酒《いりざけ》と山葵を添える。

砂糖牛蒡

堀川牛蒡[1]を洗って二寸（六センチ）ほどに切る。よく湯煮して、葛一合に砂糖半合を入れて醤油で溶いたものを温めてかける。

1堀川牛蒡　もともとは山城八幡の牛蒡。太くて短く、やわらかで味がよい。一般に詰め物をして煮物にする。江戸時代、京都堀川で産したので、この名がある。

南京《なんきん》蛤《はまぐり》

蛤のむき身を生醤油で煮る。豆腐のおからに山椒の粉を入れて、醤油で煎ったところに右の蛤を入れる。辛すぎてはよくない。醤油はおからが湿る程度とする。生魚でつくるときは、身だけを右のようにして使う。

瀬戸《せと》飯《めし》

飯にくちなしで色を薄くつけ、普通に炊く。牛蒡の細いものをよくゆで、薄く小口切りにして、飯が炊き上がったらこれを混ぜる。汁は醤油で辛くならないように仕立て、大根おろし・唐辛子・陳皮・茗荷《みょうが》だけとするが、これらは好みとする。夏は冷汁《ひやじる》がよい。冬はほうはん[1]がよい。

1ほうはん　芳飯・包飯・法飯と書く。器に盛った飯の上に野菜や魚鳥などの煮物を並べのせ、汁をかけたものをいう。『実隆公記』や『御湯殿上日記』など、しばしば中世後期の記録にあらわれるところから、古くからの料理法であることがうかがえる。また一説には法飯は僧家の料理で精進物とする説もあり、『本朝食鑑』には普通の飯の上に、味をつけたさまざまな野菜や乾肴などを細かく刻んでのせ、味噌の清汁を煮え立たせてかけて食べると、その製法が記されている。「冬はほうはんがよい」としているのは、上記以外の具をも加えて飾り立てよ、との意に解しておきたい。

寄楠生《1きなんせい》

太い蕗《ふき》の皮をむき、丸唐辛子を入れた生醬油で煮しめ、唐辛子を除いてから、押しつぶし、四分（一・二センチ）くらいに切って食べる。

1寄楠生　奇南香の意。香料の一種で伽羅《きやら》の異名。今いうところの伽羅蕗。

晒《さら》し鱒《ます》

川鱒を三枚におろして籠に入れ、川に漬けておき、晒してから造りにする。酢味噌で食べる。

江戸時代の魚屋の店先（『人倫訓蒙図彙』）。

麦汁

麦を蒔《ま》き、その若芽を摘《つ》みとって味噌汁にする。

飛び団子

うるち米の粉一升に、葛四合を混ぜ、こねて蒸し、団子にして臼《うす》で搗《つ》くと飛ぶ。ただし、石の臼では飛ばない。

[1]長門銭漬《ながとぜにづけ》

色のよいもぎたての茄子《なす》に、蓼《たで》と唐辛子を塩で漬け、銭をひと重ねごとに入れて、一か月すぎてから食べる。

1長門銭漬　銭を入れるのは茄子の紫紺色をよく出すためで、焼き明礬《みようばん》を入れてもよい。

榧人参《かやにんじん》

人参の太いものを醬油で煮しめ、さましてから箸《はし》で小口から突いて穴をあける。そこに榧を炒って入れ、よく干す。乾いたら苞《つと》に入れて保存し、小口切りにして使う。

[1]磤馭盧嶋《おのころじま》

玉子の白身だけ一人前を十五個とし、切り立ての青竹に入れ、入口を竹の皮でよくしめくくって、竹を竪《たて》にして朝から昼まで上下に振ると、昼頃には竹の内に丸い物ができる。吸物の汁をつくって、この丸い物を入れてよく煮る。一緒に入れるものはじゅんさいがよい。玉子は口中で消えるような感じがする。人数が多いときには、右のようにして別々につくる。

1磤馭廬嶋　国生みの古事による命名で、イザナギとイザナミとが初めて創造した島、すなわち日本の意であるが、いまだ形の定まらないさまをいう。

串貝《くしがい》早煮[1]

貝から身を抜かずに、竹を引き切った串をさし入れて煮る。一吹きしたら湯は捨てずにそのまま鍋でさましておく。宵《よい》のうちにつくると、翌朝はやわらかくなって使うことができる。水はたくさんにし、貝が水から出ないようにする。もし水よりも上に出た場合には貝は硬くなる。

1串貝　串鮑のこと。串に刺して干したアワビ。

干し松茸《まつたけ》

松茸のつぼみの虫のないものを、よく掃除して、笠とともに生醬油で煮しめて干す。生乾きのものは切って肴に使う。または塩出しして吸物にしてもよい。

薩摩《さつま》すみれ[1]

日向《ひゅうが》・薩摩にだけすみれがあり、野にはえる。細いしべの草である。その根に小さな丸いものがある。この渋皮を取り、根だけを川で洗って壺に入れ、蓋をして口を土で塗り固める。庭に穴を掘り、摺り糠《ぬか》を入れてこの壺を埋め、おこした炭火を投ずると夜のうちに火がおきる。翌日壺を取り出して蓋を取り、杓子でかきまわすと糊《のり》のようになる。それを取り粉にまぶす。取り粉は豆の粉で、これに砂糖をかけて食べる。

1すみれ　芹《せり》の一種で菫菜と書く。一夜草・一葉草ともいう。野生し、根は葵に似て滑らかである。古く『倭名類聚抄』では「菫菜」の項に俗に菫葵といい、和名を「すみれ」としている。また『本朝食鑑』によれば、古人は採って食べたが、近年では食べる人がいなくなったといい、京都近辺にも自生するとしている。

唐《から》田楽

田楽を普通のようにつくり、油を引いて唐辛子味噌を付焼きにする。

[1]八方菜《はっぽうな》

栗《くり》・人参《にんじん》・長芋《ながいも》・慈姑《くわい》・牛蒡《ごぼう》・椎茸《しいたけ》・銀杏《ぎんなん》・麩《ふ》の八種に味をつける。豆腐を水切りしてうどん粉を少し入れ、この八種を包み、油で揚げる。昆布だしに醬油で加減し、薄葛を引

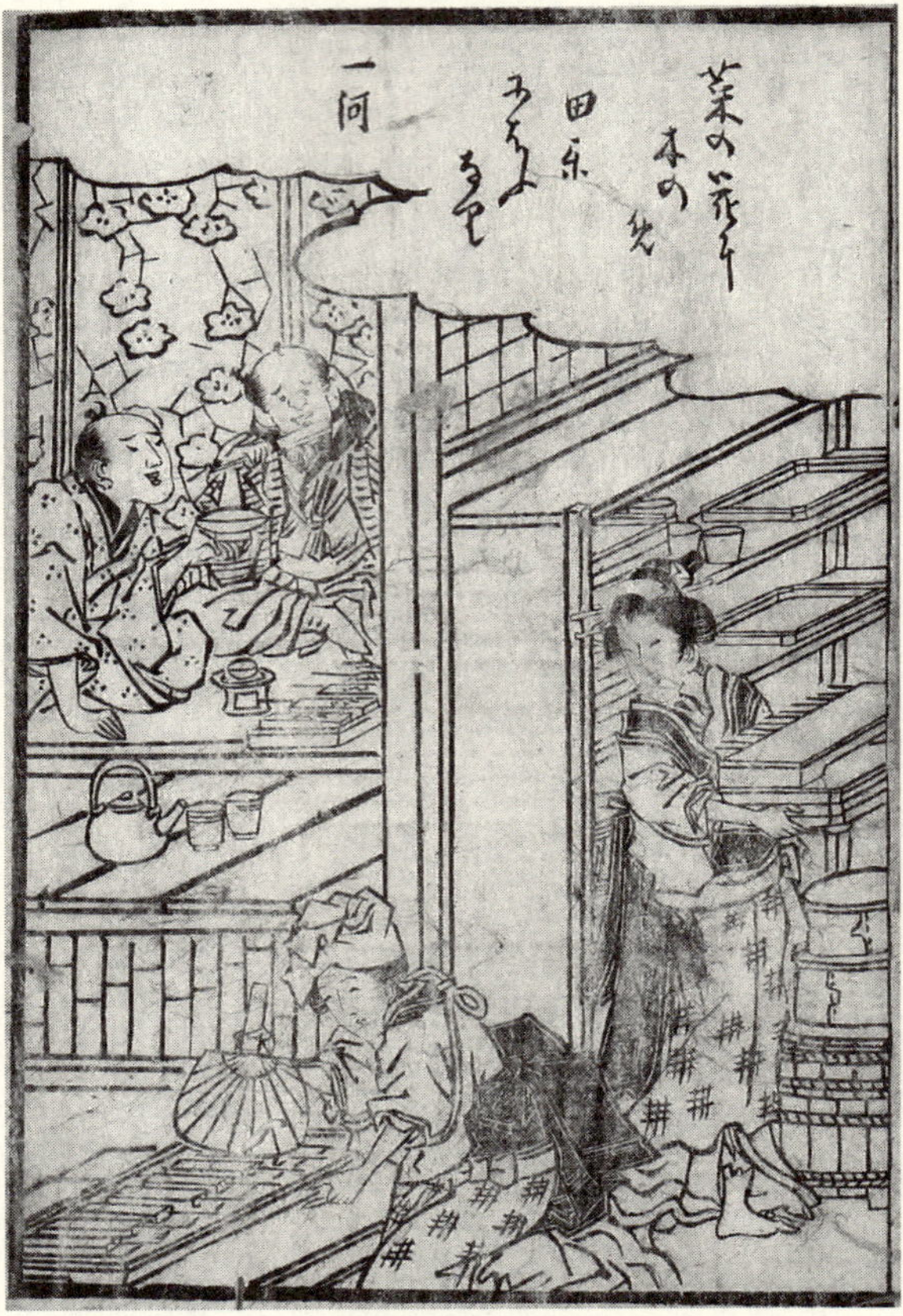

豆腐田楽で酒を飲ませる店（『六あみだ詣』）。

いたものとおろし山葵を添える。

1八方菜　加薬を包んだ飛龍頭《ひりょうず》で、八珍入りのがんもどきと考えればよい。

牡蠣《かき》飯

牡蠣を鰹だしと薄醤油で煮る。これを茶碗に入れて汁を垂らす。飯を堅めに炊き、この牡蠣の上に盛り、蓋をして出す。ただし、膳に茶碗だけであるから、盛りかえ[1]にするとよい。

1盛りかえ　一碗終るごとに新らたに飯を盛ること。

べた汁

柚子《ゆず》の皮だけを、ごく細かくせん切りにし、よくゆでて水に漬けておく。入用のときには二日前からこしらえるとよい。たくさんつくったほうがよい。味噌汁に使うが、吸物ならば鰹だしの醤油仕立てがよい。たくさん使うのがよい。

小倉田楽[1]

揚げ豆腐[2]の一方を切って、裏返し、煮た粒小豆を詰めて串に刺し、醤油をつけてあぶる。

1小倉　粒小豆の餡を小倉というのは、藤原忠平の「小倉山峯のもみぢば心あらば今ひとたびのみゆきまたなん」という和歌にちなむという。粒小豆を紅葉に縁のある鹿の子斑《まだら》に見たて、さらにその美味を「今ひとたびのみゆき」を待つと讃えたためとされている。

2揚げ豆腐　この場合は厚揚ではなく油揚のこと。

茄子《なすび》おろし汁

茄子の皮をむき。縦に二つに切る。水に漬けてあくを出し、おろしてからしぼって味噌汁にする。茄子は多いほうがよい。からしを加えて使う。

霰蕎《あられそば》麦切り

五年米のもみを摺り、精白米になるように搗いて、塩を加えずに茶飯に炊く。堅すぎず、またやわらかすぎないように、加減が大事である。少し蒸らして、笊籬《いかき》に移し、桶の上に置く。上質の煎じ茶を入れ、この茶が出たところで、一気に右の飯にかけ、ねばりを取る。また、煎じ茶の釜の上に、この笊籬をかけて蒸した飯は、盛りかえとしてお勝手[1]から出す。引汁[2]・香頭《こうとう》は蕎麦切りと同様である。いくら食べても腹がふくれないものである。

1お勝手　台所のことであるが、正確には食事をつくるところの意。台所は食事場所を指す場合もある。

2 引汁　ひきじる。かけ汁のこと。

1 鶚鮓《みさごずし》

海辺に鶚という鳥がいて、海に入って魚をとり、木の枝に置いて自分の小便をかけておき、また海に入り魚をとることを幾度も繰り返す。この魚を鮓として漬けると味がよい。この魚が枝にあるときに下のほうから取れば鶚は意に解さないが、もし上から取るようなことがあると、その木に二度と魚を持ってくることはない。鮓の漬け方については、特別なこともない。

一説に、鶚は、海中で魚をとって食べることに飽きたときに、その魚を石の間などに隠し、何日か経ってから穴に入って食べるので、これを鶚鮓と名付けたという。

1 鶚鮓　鶚はワシタカ科の猛禽で、水中の魚を見つけると急降下して足で捕えるところから、魚鷹とも書く。『本朝食鑑』には、鶚は数匹の魚を捕えて、石の隙間《すきま》に隠し、一晩おいておく。これを美佐古《みさご》の鮓といい、漁民はこれを知って、とって食べるといい、美味であるとしている。しかし、中国や日本の信頼すべき古文献には、鶚鮓の記録はなく、伝説にすぎない。岩穴などに隠した魚に海水がかかって醗酵したとしても、米によって熟れた鮓ではなく、あくまで塩辛つまり魚醬《ぎょしょう》の類にすぎない。ただ、これに飯を合わせれば鮓と呼ぶことは論理的に可能である。

饅頭点心《まんじゅうてんじん》

菓子椀に饅頭を温めて二つ入れ、蓋をして、折形[1]に胡椒の粉を入れ、箸を添えて出す。饅頭を箸で取り、左の手に握って食べる。もう食べられないと思ったら、椀に蓋をして、折形を膳からおろし、箸を折形の上に置く。給仕人が膳を持っていったあとに、蛤の吸物を出すが、この膳には箸がないので、さきほどの箸を使う。胡椒もこのときに必要となる。

1 折形　赤飯などに添える、ゴマ塩などを包む折紙のこと。

しめじ玉子[1]

玉子を割って黄身と白身とに分ける。筆の軸に紙を二、三寸（六〜九センチ）ほどにして巻いて苧《お》でくくり、巻いた中に白身だけを入れて湯煮する。紙を取って四、五分（一・二〜一・五センチ）ぐらいずつに切る。黄身には醬油を加えて、銅の杓子の内側に油を引き、直径一寸（三センチ）ぐらい入れて焼く。黄身が固まる前にさきほどの白身を軸としてつけ、固まったところで杓子から離す。

1しめじ玉子　出来上ったものの形がきのこのシメジに似ているのでつけられた名。

料理珍味集巻之一　終

料理珍味集　巻之二

[1]酒田粥漬《さかたかゆづけ》

　[2]割りの粥を、できるだけ精白した米で炊く。塩を入れるが、塩が多いのはよくない。山《やま》蕗《ぶき》、これは山に自然に生える蕗である。大きさが差渡し（直径）一寸（三センチ）もあるものを、ゆでて水に晒《さら》す。竹の子は、酒田には大きな竹はないが、これもゆでる。蕨《わらび》。[3]みず、これは長さ三、四尺（九〇～一二〇センチ）もあって枝はなく、葉は紫蘇《しそ》に似て青い。[4]あゆ、これもみずのようなものだが、酒田は雪が深いので春になると雪から芽を出す。雪の中にあるところは軸が白く、雪から出たところは青い。これらをほどよく切って、粥に漬け、三日ほどしてから食べる。次々に漬けていく。粥は初めは固いが、後にはやわらかくなる。漬けるものは、その土地によって工夫すべきであろう。

1酒田　現在の山形県酒田市。

2割りの粥　挽き割りの米でつくった粥。

3みず　蟒草《うわばみそう》の東北地方における方言。蟒草は、イラクサ科の多年草で、各地の山中の湿った斜面や崖などに群生し、茎や葉は食用とする。別名をクチナワジョウゴともいう。

4あゆ　未詳であるが、記述から右のみずと同様の植物であることが窺える。

早烏賊《はやいか》[1]

玉子をゆでて、白身だけを適当な大きさに切って青和え[2]にする。

1早烏賊　ゆでた玉子の白身をイカに見立てている。

2青和え　一般には青菜の類をゆでて白味噌を混ぜて摺ったものと和えることをいうが、『料理物語』では青豆を摺って塩で味付けしたものも青和えと称している。

揚げ焼

麩[1]の焼鍋に油をひいて、豆腐一丁を五つに切ったものを、この鍋で焼き、裏返して油がよくしみた後に器に入れる。山葵《わさび》味噌をかける。

1麩の焼　小麦粉を水で溶かして薄く焼き、片面に味噌を塗り巻いて食べるもの。茶会の菓子としても用いられたが専用の鍋もあった。六二頁の注を参照。

湯はんぺい[1]

鱧《はも》をおろし、塩を加えてよく摺り、鰹《かつお》だしでのばす。擂鉢《すりばち》に三分目のものなら九分目ほどになるくらいにとろりと摺りのばす。湯を煮えたたせ、これをすくい入れ、平皿に盛って薄い葛辛子をかける。この場合、葛には鰹だしに醬油を用いる。かなり熱くしたほうがよい。

1はんぺい　半平とも書きハンペンのこと。

干し大根和え

干し大根を薄く刻んで、湯に漬けて少し揉《も》み、固くしぼって、からし・胡麻味噌で和える。

近江ころ煮

江鮭《あめのうお》[1]でも鱠《なます》でも、うろこを取り除き、筒切《つつぎ》りにして醬油で煮る。

1江鮭　サケ科の淡水魚で琵琶湖にすむところからビワマスともいう。古くから近江の名産で、『延喜式』には、近江国の御贄《にえ》として毎年宮内省に「阿《あ》米魚《めのうお》」が納められた旨が見える。

茶屋豆腐

豆腐十丁に茶一斤（六〇〇グラム）の割合とする。煎じ茶の香りのよいものを使う。豆腐の布目を取り、賽《さい》の目に切って、茶が煮え立ったときに入れてよく煮る。茶色になったら、別に沸かしておいた湯に豆腐をすくい入れる。これを器に盛り、胡麻味噌をかける。

雲雀《ひばり》[1]ごかし汁

どんな小鳥でも、細かくたたいて小さく丸め、魚の擂り身で包んで湯煮する。さらに三嶋大根[2]を細長く素麵《そうめん》のように切るが、これは長いほどよい。これも湯煮する。粒椎茸《つぶしいたけ》を入れて味噌汁にする。

1ごかし　転《こか》しの濁音化したもので、見せかけるの意。

2三嶋大根　摂津三嶋産の大根。『毛吹草』には、摂津国の名産の一つとして「三嶋江大根」が見え、特に太くてよく雑煮に用いる旨が記されている。

長崎[1]パスデイラ

茶碗の内側を油でふき、葛をぬり、加薬を好みで入れて、玉子を固く蒸す。茶碗蒸の固いものである。茶碗からはずして出すが、長崎では茶碗を割って取りはずす。これはパスデイラ茶碗といい、特別に焼いて長崎へ送られてくるものである。

1長崎パスデイラ　『南蛮料理書』の「はすていら」とは全く別のものである。『南蛮料理書』のものは現在のミートパイである。茶碗蒸のやわらかなものについては、『小笠原礒海流料理百ヶ条仕懸物伝書』に「茶碗玉子」があり、玉子とだし汁とを等分にして、溜り・焼き塩・上酒で味付けしている。

芋餅《いももち》

子芋の皮をむき、よく煮て搗《つ》く。これを適当に取って小豆にまぶす。中に甘味を包むのはよくない。

胡麻和え《ごまあえ》

茄子を短冊に切って水に漬け、あくを出し、水気を切ってから胡麻味噌に和える。茄子は生のまま用いる。

紅葉蛤《もみじはまぐり》

子蛤をむき身にし、醬油で煮しめて煮汁を切る。鰹節を粉にしたものと、麻の実とを煎って入れ、これにまぶすが、鰹節は多いほうがよい。

合せ湯豆腐

餅を湯煮し、別に豆腐も湯煮にして、餅をその上に置き、葛をかける。

若狭《わかさ》にしん鮓《ずし》

にしんを五、六日ほど水に漬け、よく洗って皮と骨を取り、にしん五十本に麹《こうじ》三合の割合で入れて押しをかける。水が上がってきたら捨て、麹をつけたまま切って食べる。大根・芹《せり》・三つ葉の類を漬け込んでもよい。

隠れ里吸物

葛を湯で固くこね、饅頭の形にして、餡に赤味噌を摺ったものを包む。湯煮してから、かなり熱い湯に入れて吸物にする。饅頭の形をくずせば味噌汁ができる。

菜盛《なも》り

泥鰌《どじょう》の頭を取り、味噌汁に入れて煮る。別に白髪牛蒡も味噌で煮る。泥鰌と牛蒡を椀に盛り、味噌汁をかけて出す。い汁[1]と酒塩を加えるが、たくさん盛るのがよい。

1い汁　魚汁《うおじる》の転訛で、魚醬の一種。北陸などで味付けに用いられる。ただし、原文は「みそ汁かけ出すい汁酒しほ加ゆ」となっているので、「味噌汁をかけて出す。吸い汁に（もしくは「と」）酒塩を加える」と訳すこともできるが、前後が不自然なので「い汁」と解釈しておきたい。

蒲鉾《かまぼこ》[1]豆腐

むきくるみをしばらく湯に漬けて、渋皮をとり、よく摺りつぶす。豆腐の水を切って、くるみと一緒に摺る。杉板につけて形を整え、蒸してから少し焼いて切る。さしこみ[2]に用いる。

1蒲鉾豆腐　板付蒲鉾のようにつくったので、こう命名したのだろう。蒲鉾は、昔、篠竹などに巻いてつくったが、その形がガマの穂に似ていたので名づけられた。

2さしこみ　はじめの献立に入っていない特別の料理のことをいう。

松茸早鮓

醬油をほどよく加減して煮立てたところに、松茸を切って入れ、さっと煮上げて、加薬

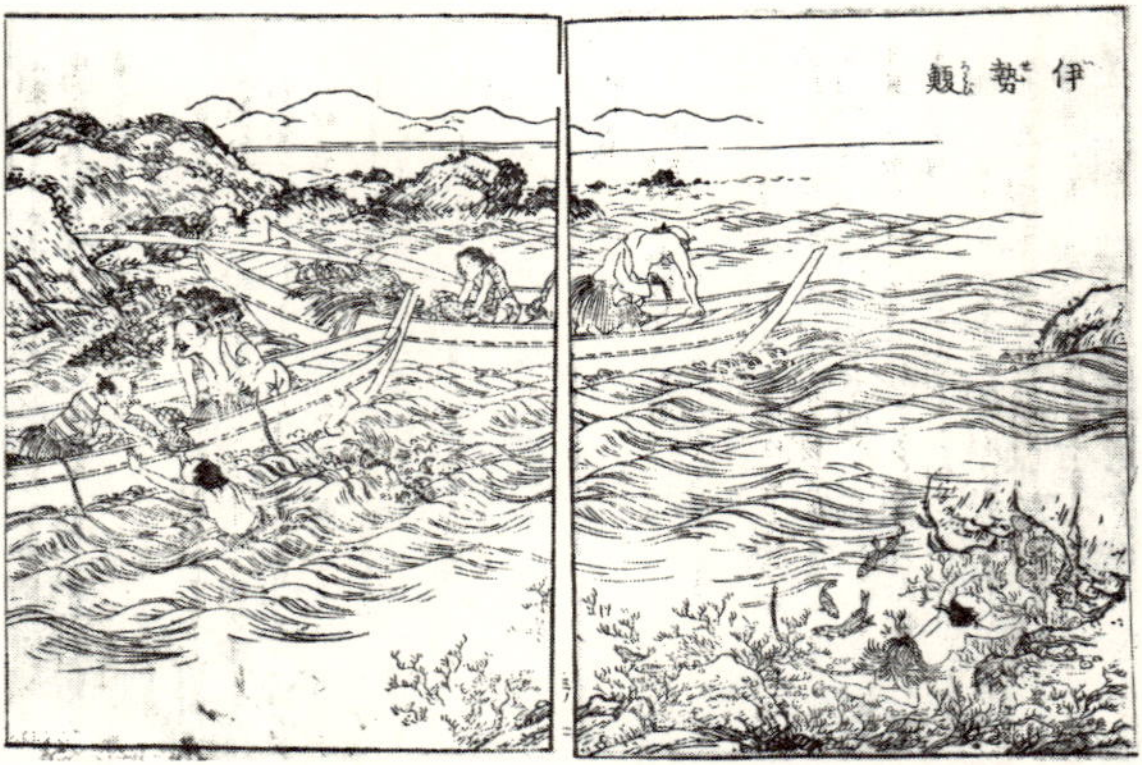

江戸時代の伊勢での鮑漁の様子（『日本山海名産図会』）。

を入れる。これを飯で早鮓に漬ける。煮汁で塩味をつける。

うどん鮑《あわび》

鮑の耳を取り、うどんのようにかなり細く切る。水嚢《すいのう》に入れ、煮え湯につけてすぐ上げる。煮てはいけない、うどん汁で食べる。

紛《まが》い豆腐

豆の粉にうどん粉を加え、湯でこねて打ちのばし、うどんのように切って二回吹き上げるまでゆでて、笊籬《いかき》[1]に上げ、吸物に用いる。

1 **笊籬**　七八頁の注参照。

生蕨《なまわらび》早ゆでの法

生蕨をゆでるときは、堅炭を一つ入れると、あくがなくやわらかになる。

錦《にしき》重ね

江鮭《あめのうお》[1]を筒切りにして腸《はらわた》をとる。子をバラバラにして葛だまり[2]に入れて煮る。魚は焼いて、この葛だまりに入れ、子とともに煮る。

1江鮭　一四二頁の注参照。
2葛だまり　葛で固めた状態のもの。

焼き鮑《あわび》

鮑を殻からはがさないで洗い、肌に赤味噌を塗り、具を合わせて針金でくくる。これを藻を干して乾かしたものの中に入れて焼く。針金を取り、殻からはずして小口切りにする。

玉簾《たますだれ》吸物

梅干の梅肉に梅仁を摺り入れ、木欒子《むくろじ》[1]くらいに丸めて、うどん粉の衣をかけ、薄醬油で仕立てた吸物とし、青[2]刻み昆布を入れる。

1木欒子　無患子。ムクロジ科の落葉高木。種子を羽子《はご》に用いる。ここでは当然、羽子板の羽根の球くらいの大きさをいう。

2青刻み昆布　青昆布を刻んだもの。青昆布は青板昆布ともいい、昆布を細長く切りそろえて、丹礬・緑礬・青竹などで着色したもの。昆布巻きなどの料理に用いられる。なお、緑青を利用して着色したものは有毒なので現在は使用を禁止されている。

[1]天王寺錦洞《てんのうじきんとう》

醤油を煮立たせ、干し蕪《かぶら》を洗わずにそのまま入れる。しばらくしてやわらかくなったら、豆の粉をまぶして砂糖をかける。総じて乾物は、水洗いしたり、水に漬けたり、湯煮などしても堅いもので、そのまま煮立った湯につければ少しの時間でやわらかくなる。

1天王寺錦洞　錦洞とは金団《きんとん》のことで、胡麻または豆の粉をまぶした団子の意。ここでは天王寺名物の蕪を団子に見立てている。

一文字

長芋を洗って、縦に二つに割る。両面にうどんの粉を塗り、荒布《あらめ》を入れ、藁《わら》でくくる。これを塩煮して皮をむき、小口切りにする。

藤色飯《ふじいろ》

黒豆の煮汁に塩を入れて飯を炊く。しじみに味をつけて煮たものを、飯を釜から移したあとに、まぶして出す。

宇治丸《うじまる》[1]

鱧《はも》を開き、頭と骨を取り、塩に漬ける。四、五か月くらいおいたほうがよい。鮓に漬けるときには、一昼夜水に漬けておくと塩がちょうどよく出る。五分（一・五センチ）切りにして飯で鮓に漬ける。鮓の漬け方は普通の通りで、変わるところはない。

1宇治丸　本来は鰻《うなぎ》の鮓のこと。現代風の握り鮨ではなく、昔風のなれ鮓。『庖丁聞書』には「宇治丸といふは、うなぎのすし也」とあり、『毛吹草』にも京都の名産として鰻鮓が見え、「是ヲ宇治丸ト云」との注記がある。

煮田楽

茄子《なす》を田楽に切って串に刺し、油をひき、白味噌をつけて焼いたのち、塩湯を煮立たせて田楽を串ごと入れ、すぐに上げて食べる。

香織酢《かおりず》

柚子・蜜柑・九年母の類のさまざまの木酢《きず》[1]を合わせて用いる。

1木酢　柚子や橙《だいだい》などの柑橘《かんきつ》類の実から絞りとった酢。今も南紀では木酢と呼んで、さんま鮓をつくるとき、飯に合わせたりする。

幾世芋《いくよいも》

山の芋を塩煮してつき砕き、丸く平らにし、色はくちなしや青どり[1]、赤にするには紅がよい。上に色粉をふって食べる。

1青どり　八九頁の「青味噌」の注参照。『豆華集』の「青柳豆腐」の項には、青どりの作り方が記されており、菜を擂ってゆで、浮かんだものを寄せ集め、これを絞って用いるとある。

曲げ蒲鉾

擂り物を堅く擂って、つなぎを入れ、黄・白・青の三色にして幅二寸（六センチ）長さ五寸（一五センチ）ほどの杉の板に図1のように三段にのばしてから、図2の形にする。間に竹の筒を入れて蒸し、さめた後に竹を取る。色は好みにまかせればよい。

図1

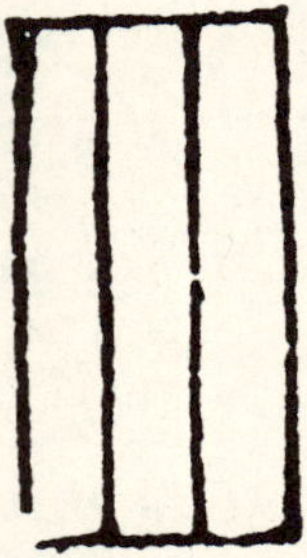

図2

曲げ蒲鉾の図

大原苞《おおはらづと》[1]

ねぎを一寸（三センチ）大ほどに切って、摺り物や魚類などを入れ、白昆布[2]でくくり、苞にして味噌の吸物にする。

1大原苞　京都大原は柴売りで有名だが、その柴を束ねたものに見立てている。
2白昆布　白板昆布のこと。

安部《あべ》豆腐[1]

豆腐の水切りをする。酒と醬油を少しずつ入れた鍋に、八分（二・四センチ）ほどの厚さに切った豆腐を入れて煎りつける。上に泡立つのが静まった後に、下の焦げたところを取って適当に切る。平物に用いる。

1安部豆腐　『豆腐百珍続編』に見える「厚やき豆腐」は、ほぼ製法が同じであるが、同書では銀杏《ぎんなん》や木耳《きくらげ》などを入れるなど、やや手が込んでおり、これを安部豆腐とも呼んでいる。

豆の葉[1]

豆の葉を洗って渋紙の上に干し乾かして、よくもんでから水嚢《すいのう》でふるっておく。使う時には、水嚢に入れ、煮立った湯に漬けるが、ゆでるときには蓋をしない。色がさめないようにするためである。飯に和えたりして使う。

1 豆の葉　大豆の葉。

青茶《あおちゃ》吸物

生貝の腸《わた》だけをたたき、よく摺っておく。鰹のだしで味付けした汁をつくって、この腸を入れる。青どりのように寄るので適当にすくって入れる。吸口[1]には挽茶《ひきちゃ》がよい。

1 吸口　香頭に同じ。吸物に入れて芳香を添えるためのつま。

秋田水団子《みずだんご》

糯米の極上のものを精白し、水に浸して少しも濁《にご》りのないようによくとぎ、干し乾かして挽く。せいごう[1]でふるってから、粉一升に極上の葛二合半を加えてこね、蒸して臼で搗く。よく搗いた後に、適当な大きさに取り、水に漬けると浮いてくる。これを盆に盛り、敷砂糖をする。

米のこしらえ方と搗き方はよくよく念入りにしなければならない。疎略にすれば浮かないものである。

1せいごう　八六頁の注参照。

なんちん豆腐[1]

根深（葱）を五分（一・五センチ）切りにし、酒で煎り、醬油を加え、豆腐をつかみ砕いて入れて煮る。

1なんちん豆腐　卓袱《しっぽく》料理の一種。なんちんは南京のこと。『豆腐百珍』では「雷とうふ」の項に、ほぼ同様の製法が記されており、これを「南京豆腐ともいふ」としている。

精進雲丹《うに》

麴・みりん・酒・醬油・唐がらしの粉を少しずつ混ぜ、しばらくの間おいてから摺る。麴がつぶれ、色が赤くなる。長くおくほどよい。

にんにく汁[1]

にんにくと生姜《しょうが》を入れてゆで、さましておいて汁に用いる。臭《くさ》みはないものである。

1にんにく汁　当時、暑気払い、熱さましなどに、にんにくがよく用いられた。

海老和え

伊勢海老をゆで、身だけを裂いて海老の子で和える。

紫蘇蒸《しそむし》

どのようなものにでも紫蘇は香りを留める。出し際に紫蘇の絞り汁を落とすと、香りは留まって色は下に沈むものである。

近江《おうみ》[1]野田餅

青大豆をよく煮て、摺りつぶし、搗きたての餅にまぶす。

1近江野田餅　饅餅《のたもち》とも書く。泉南・河内ではくるみ餅、東北ではずんだ餅ともいう。

煎り松茸

松茸の笠と軸を適当に薄く切り、空の鍋に入れて煎る。あくが出たら捨てて、醤油をさしてさらに煎り、柚酢をかける。

釣り焼

生鯛のえらとわたを抜き、うろこはそのままにして塩を塗り、紙を張って銅《あか》の網を舟のように曲げ、四方に火箸のような柱を立てて、火から二寸（六センチ）ほど上に置く。鯛をあお向けにして網のわきに炭を図のように積み上げ、火をおこして焼く。玉子を溶いて醤油を加え、鯛の腹へ少しずつ入れる。固まったらまた入れて焼き、いっぱいに詰るまで

釣り焼の炭の図

くり返して焼く。むしって醬油をかけて出す。

鰻汁《うなぎじる》

根深（葱）を五分（一・五センチ）切りにし、鰻の骨を抜いたものを五分ぐらい小口切りにし、味噌汁にする。

料理珍味集巻之二　終

料理珍味集　巻之三

塩釜《しおがま》焼

大鍋に塩を入れる。生鯛のうろこを取り、えらとわたを坪抜《つぼぬ》[1]きして、この塩をまぶし、蒸煎《むしい》[2]りにして醤油をかける。

この方法では、浜で塩を焼くときに、鯛を右のようにして塩釜で煮るが、喰い塩[3]になるので辛いことはない。

1 坪抜き　魚の腹身を傷つけないように、えら蓋の下から内臓を抜き出す方法。
2 蒸煎り　蒸焼きのこと。
3 喰い塩　塩が吸収されるの意。

定家飯

椎《しい》の皮を取り、飯に混ぜて炊く。塩加減は普通にする。

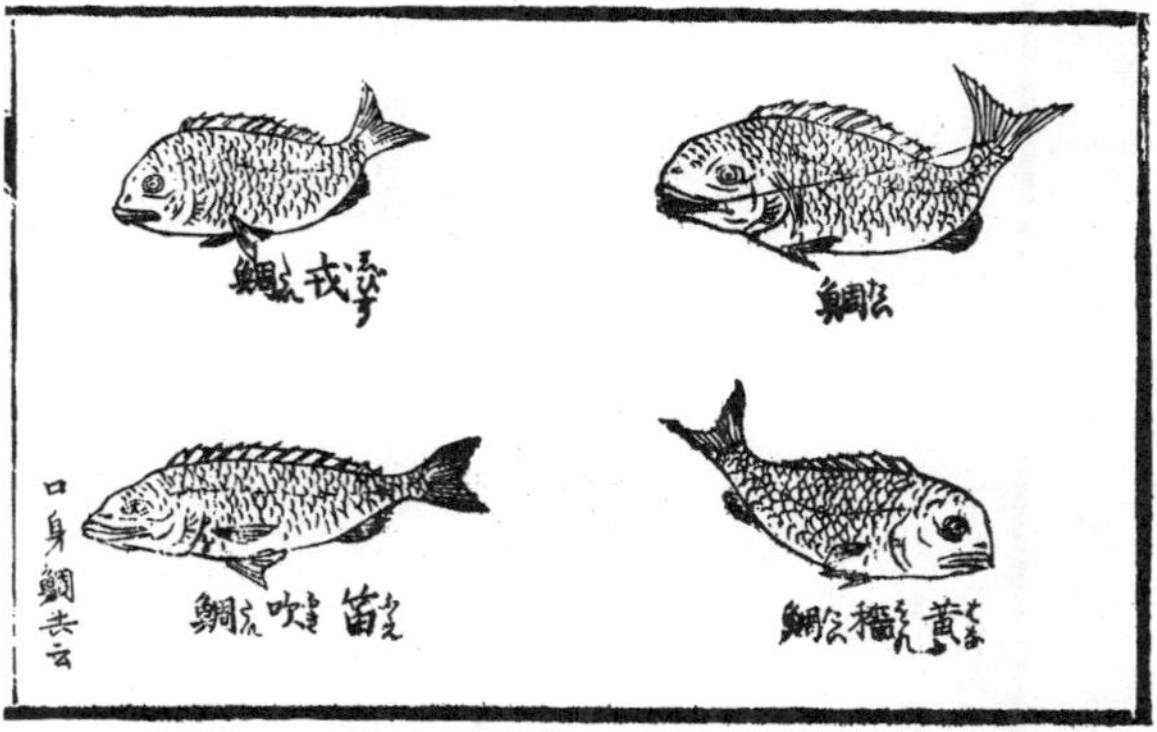

鯛いろいろ（『魚貝能毒品物図考』）。

青海《せいがい》豆腐[1]

青海苔を遠火にかけて焼き、粉にして細かにふるう。豆腐の水を切り、うどん粉を加え、青海苔の粉を少しずつ入れながら摺り、ゆでてすくい取る。吸物・さしこみに用いる。

1 青海豆腐　『豆腐百珍』にも「青海とうふ」が見えるが、これは葛湯で煮て、煮返し醤油をさし、青海苔の粉をふったもので、製法は全く異なる。

うずわ[1]はんべい[2]

ごく薄塩のうずわを洗い、鱧《はも》のように身をおろして摺る。うずわ一本に玉子三個を入れて摺り、適当な大きさに取って煮立った湯に入れると白くなる。これを油でさっと揚げたものである。

1うずわ　ソウダガツオの異称。『本朝食鑑』には、小鰹を渦輪といい、最も小さいのを横輪というとあり、『物類称呼』にも、鰹の項に、「関西にて、うづわとて小なる物あり」と見える。

2はんべい　半平。はんぺん（半片）のこと。一四二頁の注参照。

菊の葉掻敷《かいしき》[1]

菊の葉を掻敷にして、玉子をゆでて輪切りにし、花のように置く。

1掻敷　改敷とも書く。器に料理を盛るときの下敷。普通は常磐木《ときわぎ》の葉が用いられる。

竹の子汁

竹の子の末の皮の内側[1]の肌がやわらかく白いところを、針に刻む。かなり多いほうがよい。竹ではなく皮である。味噌汁にする。あしらい[2]は岩茸がよい。

1末の皮の内側　甘皮とか姫皮と称されている部分。

2あしらい　取り合わせの材料のこと。

松笠豆腐

豆腐の布目を取り、厚さ五分（一・五センチ）ほどに切って、松笠のように切り形を入れ、離れないように湯煮する。網杓子ですくって、薄い味噌に独活《うど》の根を摺ってかけると、これで松笠のにおいがする。味噌は切り目に入れる。

ほうろく[1]鮑

鮑を大きな賽の目に切る。布巾に包んで水気を取り、ほうろくに塩をふって鮑を煎り、よけておく。青はた豆[2]を塩煮したものと鮑を薄醤油で煮て、薄葛をかける。あしらいには岩茸がよい。

1ほうろく　焙烙と書く。素焼きの平たい土鍋。
2青はた豆　青豆大豆（枝豆）のこと。

海鼠（なまこ）のもたせ方

海鼠は柚子の酢に漬けておけば、二十日くらいはもつものである。

酒飯《さかめし》

酒を茶碗に七分目、醤油を同じく七分目に米一升の割合で普通に炊くと、茶飯のように

江戸随一の料理屋「八百善」で卓袱料理を囲む文化人たち。右から反時計回りに、大田南畝、亀田鵬斎、大窪詩仏、酒井抱一（『料理通』）。

色がつく。醤油で塩味がつき、酒が入るので飯はべとべとせず、固めに炊き上がる。

醤油飯

右の酒飯から酒を抜いたものである。茶飯を炊くかわりに、しばしばこれを用いる。

長崎ケンチェン[1]

湯葉《ゆば》をのばし、豆腐の水気を切り、つなぎを入れて摺りつぶす。木耳《きくらげ》・ささがき牛蒡・ぶんどうもやしを入れて〈もやしの作り方は次項に記す〉油で煎りつけ、先の湯葉にのばして巻き、味をつける。長崎ではぶんどうもやしを入れなければケンチェンとはいわない。また、魚類は、鯛・鰆《さわら》・貝類など、時節による。細く切って油で煎りつけ、薄焼き玉子を焼いて巻くなど、みな同様の作り方である。

1ケンチェン　巻繊と書き、「ケンチン」「ケンチャン」ともいう。「チン」「チャン」は「繊」の唐宋音。中国から伝わって日本風の料理になった普茶料理の一つ。繊《こま》かく刻んで煎って巻く料理法がケンチンの原義で、現在の春巻に近い。なお『豆腐百珍』に「真のケンチェン」、『豆腐百珍続編』にも「長崎ケンチェン」の製法があり、記述も類似する。

ぶんどう[1]もやし

擂鉢《すりばち》に水八分、砂四分を入れる。ぶんどうを砂に蒔《ま》き、使う一日前に室《むろ》に入れ、一夜越して芽が出たところを取って使う。

1ぶんどう　七五頁の注参照。

富士和え

ねぎの白いところだけをざっと湯がき、胡麻味噌入りの豆腐で白和えにする。もやしや芋を用いてもよい。

蛸膾《たこなます》

蛸の足をかなり薄く切り、煮立った湯に入れてすぐ上げる。大根を刻んで塩でもみ、しぼって胡麻酢で和える。胡麻は多いほうがよい。蛸を煮てはいけない。

茄子てんぷら[1]

傷のない茄子のへたを取り、丸のまま洗って生醤油で煮る。中までよく煮えたところで、また薄醤油と煎酒《いりざけ》で再び煮て、味噌をかける。味噌は、山葵《わさび》か生姜《しょうが》、または胡麻の類がよい。

1 **茄子てんぷら** 油で揚げてはいないが、生醤油で煮ることでテンプラに見立てたものか。

冷湯《ひやゆ》豆腐

葛だまり[1]を、普通のように醤油でやわらかくしてから冷やす。豆腐[2]はおぼろの冷えたものをすくって水に漬け、器に移し、右の葛をかけ、からしを添えて出す。暑い時によいものである。

1 **葛だまり** 一四八頁の注参照。

2豆腐はおぼろの冷えたもの　豆乳にニガリを入れて半ば凝固した状態の豆腐を指す。朧《おぼろ》豆腐ともいうが、まだ四角く固まらず、汲み出して木槽《きぶね》に入れる前の豆腐なので、汲み出し豆腐ともいう。

干鮭鮓《からざけずし》

干鮭を水に漬けてやわらかくするが、漬けすぎないうちに水を切る。一寸（三センチ）に一寸五分（四・五センチ）とし厚さ一分（〇・三センチ）くらいに皮を取って身だけを切り、塩なしの鮓に漬ける。長茄子と香の物を入れるが、これで塩味は充分となる。

莫鳴草《なのりそ》[1]

ほんだわらを塩出しし、湯煮して唐がらし味噌で和える。ほんだわらは青いものがよい。黒いものは固い。

1莫鳴草　神馬草《ほんだわら》・穂俵《ほだわら》と書く。奈良時代からよく用いられる褐藻類の海草。馬尾藻の異名で、本州中部以南に産し、鏡餅の飾りなど年賀にも用いられた。

田作り和え[1]

ごまめを焼き、すぐ熱湯に漬けておく。しばらくしてから三枚にさいたら、身だけを取って骨と頭は除く。牛蒡《ごぼう》を煮てたたき、細かくさいて山椒醤油で両方を一緒に和える。すぐには醬油がしみ込まないので、一日くらいおいてから使うのがよい。

1田作り カタクチイワシを素干しにしたもの。正月の祝肴としても用いられるが、食用よりも主に田畑の肥料に使われた。別名ごまめという。

交趾《こうち》[1]味噌

赤味噌五十匁（一八八グラム）に肉桂《につけい》[2]の粉末を半両（七・五グラム）と丁子《ちょうじ》[3]の粉末半両をよく搗《つ》き混ぜて、茄子・生姜の類を漬ける。そのほかは好みによる。漬けるときには、白砂糖少し五、六匁（一八～二二グラム）ほど入れる。七日目に使う。

1交趾 ベトナム北部のソンコイ川流域の地方を指すが、インドシナ東海岸地方を含むようになった。『和漢三才図会』には「安南ハ古ヘノ交趾也」とある。

2肉桂 クスノキ科の常緑喬木で、根皮は辛味と香気とを有し、薬用とする。シナモンのこと。交趾の土産として知られ、『和漢三才図会』では、その首都東京《トンキン》のものを最上としている。

3丁子 テンニンカ科の常緑喬木で、蕾《つぼみ》を乾燥させて薬剤とし、果物からも油を取る。グローブのこと。アジアのモルッカ諸島やフィリピンあるいはアフリカの産。

鯨仕立て

鱸《すずき》のうろこを取り、皮とともに薄く切って、鯨のかわりとして用いる。つまには、大根・牛蒡・根芋などがよい。

衣手《ころもで》[1]

凍豆腐を、鰹のだしで醤油を適当に加減して煮る。玉子のふわふわをかけ、胡椒をふる。

1衣手　玉子ふわふわをかけると雪が積ったように見えるところから、光孝天皇の歌とされる「君がため春の野に出でてわかなつむ我衣手に雪はふりつつ」にちなむ。

松露《しょうろ》もどき

むかごをゆで、皮を取って吸物にする。

芋豆腐

湯豆腐にして湯を切り、とろろをかける。とろろは上醤油に鰹だしを用いて甘辛くつくる。上置きには、胡椒か青海苔、甘海苔の類がよい。

昼夜《ちゅうや》芋

つくね芋を厚さ四、五分（一・二〜一・五センチ）、大きさは好みとし、角に切る。これを蒸した後に、三分の一を横にして生醬油で煮る。図のようになる。[1]さしこみに適する。

1さしこみ　一四六頁の注参照。

昼夜芋の図

青海苔《あおのり》粥《がゆ》

白粥に塩を入れ、辛くならないように炊き、器に入れて青海苔の粉をふる。塩ではなく醤油を入れるとよい。

三杯漬《さんばいづけ》

酢三、酒二、醤油一の割合で三種を合わせ、鱸《すずき》の身だけを賽《さい》の目に切り、塩をまぶして漬ける。鱸は脂が多いので、酢に合いかねる。また、漬かりすぎると堅くなるので、よく注意しなければならない。しかし、漬けるものは好みとすべきである。

源氏柿[1]

木練柿《2こねりがき》の皮をむき、平らに二つに切り、種を取ってうどん粉の衣をつけ、油で揚げる。

1 **源氏柿**　いわゆる柿のてんぷら。てんぷらの衣を源氏の白旗に見立てている。

2 **木練柿**　木になったままで甘くなった柿をいう。これに対して、柿を樽に入れ、上に藁灰をかけて熱湯を注ぎ、堅く蓋をして一昼夜置き、人工的に渋をとったものを醂柿《さもしがき》・樽柿という。

捻鯛《ねじだい》

鯛をおろし、塩を入れて摺り、俎《まないた》にならして形を整え、ねじってから汁に入れる。また、酢味噌をつくってかけてもよい。

粟松茸《あわまつたけ》

半開きの松茸の軸を取り、笠だけを洗ってよく掃除し、粟を笠の中に詰める。これを蒸して葛をかけ、生姜を添える。

目くり餅

奉書紙《ほうしよがみ》[1]を三日ほど水に漬ける。よくたたきつぶしてから葛を合わせ、味噌汁でこね、適当に切って味噌汁で煮る。この餅を食べる人は年中悪病にかからないものである。夏の土用中に食べる。

1 **奉書紙**　檀紙《だんし》の一種であるが、純白で皺《しわ》がなく、きめの美しい和紙。なお、紙を食べることについては、『料理山海郷』の「縮み鱧」の注（九八頁）を参照のこと。

伊勢豆腐

鯛でも鱧でも身だけをよくほぐして摺る。鰹のだしでのばし、とろりとやわらかくして、鉢に入れて蒸す。これをすくって葛あんをかけ、からしを添える。

鯛飯

鯛の皮を取り、身だけを賽《さい》の目に切る。鯛の洗い汁で飯を炊くが、魚の身は飯に入れる。玉子・ねぎのせん切り・大根おろしなどの香頭《こうとう》を添え、汁かけにして食べる。

揚げ牛蒡

牛蒡をおろし、つなぎを入れ、小さく取って油で揚げる。

宇治川

うるち米の粉一合に、山の芋六匁（二二・五グラム）の皮をむいてゆでたものを一緒に合わせ、くちなしで色をつけ、突き混ぜてから蒸す。さしこみに用いる。

異国湯葉《ゆば》

筒状にした湯葉の中に、くるみの身を細かに割ってうどん粉を混ぜたものを詰め、醬油で煮しめて、小口切りにする。

念仏汁《ねんぶつじる》

金頭《かながしら》[1]の小さなものをたたき、適当な大きさに取って味噌汁にする。

1金頭 ホウボウ科の磯魚で鉄頭魚とも書く。頭骨が突出し、堅くて鉄兜《てつかぶと》のようなのでこの名がつけられた。『本朝食鑑』によれば、江戸時代の初期には、子供の誕生した家では必ず、この魚を賀膳に供したという。

掛け焼

生鯛をそのまま洗い、串を刺して焼く。生醤油を頭のほうから残らずかけて焼くが、黒くならないようにし、尾も頭もよく焼く。さらにまた生醤油をかけて焼く。銘々の焼物または浜焼のかわりによい。ただし、醬油を溜めてはいけない。

秋田ふすべせんのう[1]

山葵の葉を洗う。湯を煮立てた中に葉を入れたら蓋をして、そのまま鍋をあげ、土間に置いてさます。蓋を取ってはいけない。猪口《ちょく》にこの葉を入れ、ゆで湯を入れ、焼き塩を加えて食べる。夕飯の客に使うならば昼前からゆでるとよい。

1ふすべせんのう「ふすべる」は東北地方の方言で、「湯煮してあくを取る」の意。「せんのう」は仙翁すなわちナデシコ科の多年草で、山葵の葉をこれに見立てたものか。

苔蒸《こけむし》

大根の茎の葉をごく細かく切り、醬油をひたひたに入れて煮る。別に沖鰆《おきさわら》[1]の身に少し塩をふって蒸す。器に右の茎の葉を入れて、その上に蒸した鰆の熱いままを入れ、また茎《くき》の葉をおいて蓋を閉じる。茎の葉はかなり熱いのがよい。

1 沖鰆 鰆の大きいものをいい、形は平らで、体長六〜七尺（一八〇〜二一〇センチ）、幅一〜二尺（三〇〜六〇センチ）に及ぶが、味はあまりよくない。

内土蔵《うちどぞう》

生鯛のうろこを取り、えらと腸《わた》を坪抜き[1]にして腹に味噌を詰める。鰹のだしと醬油で丸のまま煮るが、味噌に葛を加えなくてはならない。

1 坪抜き 一五八頁の注参照。

四季蕗《ふき》の薹《とう》

蕗の薹の傷のないものをよく見定めて、日が暮れてから根をおこし、米のもみ糠《ぬか》にのせて、朝の七つ時（午前四時）ごろまで露を受ける。そのままもみ糠を上へのせ、壺によく詰めて蓋をし、口を紙で張っておく。夏の土用の時節に使うときには、糠から出し、上をひと皮取れば青々としている。冷し物などによい。

蕪味噌《かぶらみそ》

近江蕪《おうみかぶら》の皮をむき、中をくりぬく。胡麻・生姜味噌・栗を入れ、醤油で堅めにのばして、その中に詰める。これを蒸し、口のほうを下にして黒胡麻をふる。中を魚類にするときは、魚に味をつけ、玉子を醤油で辛めに溶いて中に詰め、口に蕪の蓋をし、かんぴょうでくくって蒸す。蕪は一晩前につくっておくとよい。玉子は蕪三つのところに五つ入るくらいがよい。

和国和え《わこくあ》

十八ささげ[1]を、酒に水を少し入れて炊く。煮立ったら醤油を少し入れ、味噌を摺って温めたものをかける。

1 十八ささげ ササゲは大角豆とも書き、マメ科に属する一年生草本で、広く食用に供される。なかでも、フロウと呼ばれるササゲは一サヤに十六もしくは十八粒も実をつけるところから、関東では十六ささげ、関西では十八ささげと呼ばれ、サヤのまま調理されることが多い。

霰《あられ》[1]豆腐

豆腐を大きい簺《さい》の目に切る。葛をあらく砕いて豆腐につけ、油で揚げる。

1 **霰豆腐**　『豆腐百珍』の霰豆腐は、小さい簺の目に切った豆腐を笊籬《いかき》でふりまわし、角を取って油で揚げたものを指しており、『豆華集』では、同様に丸くした豆腐を、古酒で煮て醤油をさし、煎りつけたものを霰豆腐と呼んでいる。

料理珍味集巻之三　終

料理珍味集　巻之四

肥前定家煮《ひぜんていかに》

大釜に湯をかなり熱く沸かし、生鯛の身だけを一寸（三センチ）角くらいに切って板に並べたところに、右の釜から樋《とい》をかけて湯を流す。これは魚の脂を取るためである。脂が流れ出たら、豆腐一丁を三十二切れほどに切って焦げないように焼き、これとともに右の鯛を一切れずつ椀に入れ、つくり置きしておいた汁をかけて出す。

海老《えび》たたき

伊勢海老をゆでて、身だけを細かくたたき、醤油をひたひたに入れ、酒を少し加えて煮る。

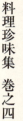

唐草もどき

玉子を割り、ざっと掻き混ぜて岩茸を入れ、杉の箱に入れて蒸す。このとき玉子に少し

江戸時代の人気店、河崎万年屋奈良茶飯（『江戸名所図会』）。

でも湯が入ると吹き上がって役に立たない。また、玉子をよく掻き混ぜてしまうと模様ができなくなる。塩仕立てがよい。さしこみ、取肴《とりざかな》に用いる。

奈良菜飯[1]

菜を摺り、その汁で飯を炊く。焼き栗を割って入れるが、飯の炊き方に特別なことはない。塩を入れてもよい。

1 **奈良菜飯**　奈良茶飯は番茶を炊き出した汁で炊く飯として有名で、大豆を炒って加える。この料理に模して炊いたもどき料理。

茶の実味噌

茶の花のつぼみを刻んで白味噌に入れ、た

たき合わせ、薄醤油で煮て壺に入れておく。

風呂吹き

鱧《はも》を普通の摺り物にして、つなぎを少し入れ、竹の筒に入れて突き出し、よく湯煮して、そのゆで汁を用い、醤油で煮る。葛をひき、摺り生姜を添える。

吉野川

ぼうぶら[1]を桜の花の形に薄く切り、糠味噌の汁を薄く仕かける。吸口に桜の実を用いる。

1ぼうぶら　かぼちゃの異称。『物類称呼』には、南瓜の項に「大坂にて、なんきんうり又ぼうぶら、江戸にて先年は、ぼうぶらといひ、今はかぼちやと云」とある。また『本朝食鑑』で人見必大は、水瓜の項に「一種に保宇不羅《ボウブラ》というのは、蛮国より移したもので各地に産する。瓜は大きく、水瓜くらいになり、秋に黄金色に熟する。味は佳くない。これは南瓜のことであろうか」と記している。

蓼漬《たでづけ》

もいだ茄子《なす》を丸のまま蓼に漬ける。塩を強くし、重石《おもし》を強くかける。鮓のようなものである。次の年まで色も変わらず、香の物のようでもある。

唐煮《からに》[1]

鍋に豆腐のおからを敷き、生の鰯《いわし》を並べ、また豆腐のおからを敷いて鰯を並べ、これを四〜五回くり返す。真ん中に穴をあけ、醬油をひたひたにし、酒を少し加えて煮る。

1 唐煮　おから煮。九州小倉では糠味噌を加える。なお、『豆腐百珍続編』付録には、これとほぼ同様の料理法が記されているが、そこでは「鮓烹」と名付けられている。

粒胡椒《つぶこしょう》を早く粉《こ》にする方法

茶碗か鉢に粒胡椒を入れ、瓢簞《ひょうたん》の尻で摺るとよい。

もみ麩

麩をよく煮るとすだつので、取り上げて麩をもむときらず[1]のようになる。それを煎酒《いりざけ》[2]で煎りつけ、その後さらに醬油で煎る。

1 きらず　豆腐のおからのこと。七九頁の注参照。

2 煎酒　二三頁の注参照。

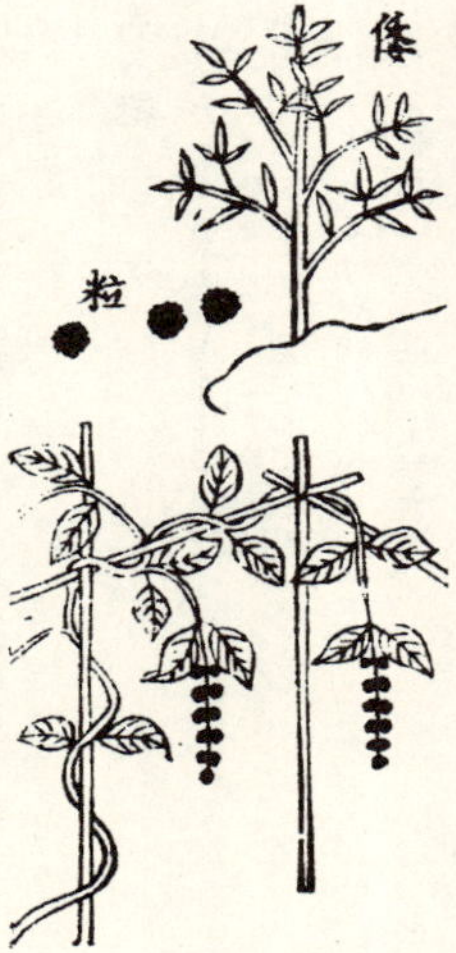

江戸時代の料理にはよく黒胡椒が使われている（『和漢三才図会』）。

むく納豆《なつとう》

納豆汁の中にむく鳥をたたいて入れる。また、摺り入れるのもよい。

山葵《わさび》吸物

山葵の長さ一寸（三センチ）強のものを、かなり細かく白髪《しらが》に刻み、水に漬けておく。鰹のだしと薄醤油を熱くしたところに、刻んだ山葵を入れる。出すときに、吸口に摺り山葵を組入れる。ただし山葵を煮てはいけない。

江戸餅

餅を湯煮して、大根おろしと醬油で食べる。

因幡《いなば》蟹《かに》びりじ[1]

大根を長く刻み、根深を一寸（三センチ）ほどに切り、鰹を入れ、薄醬油で煮る。そこに蟹の大きいものの身だけをむしって入れ、玉子を溶き入れて一緒に煮る。飯を少し盛って、上へ右のものをのせて出す。飯は釜盛りにするとよい。蟹がなければ、海老あるいは鯛やはまちの類を同様にする。

1 びりじ　不明。

網笠柚《あみがさゆ》

柚子を二つに割り、種だけを取って、果肉はそのままにしておく。味噌に砂糖を少し入れ、柚子に詰め、網笠のようにくくって醬油で煮しめる。そのまましまっておいて、初夏に食べる。

すり団子

白砂糖で小豆の餡をつくり、松露を入れる。後段[1]などによい。

1後段　もとは茶会の終了後に、客への礼として催す小宴を指し、麵や汁など簡単なものが出された。『貞丈雑記』には、「客のもてなしに、飯の後に麵類にても何にても出すを、今の世には後段といふ」とある。

芋蒲鉾《いもかまぼこ》

山の芋の皮をむき、醬油で煮しめ、臼で搗く。うどん粉を少し入れ、杉板で形を整え、唐辛子味噌を薄くしたものを塗り、少し焼いてから切る。

長崎麻《ま》麩《ふ》〈胡麻豆腐ともいう〉

白胡麻を擂って木綿の袋に入れ、水漉しにする。極上の葛を溶きそれに合わせて、水を切り、四角の型に入れて、固まったところを蒸す。切って水に冷やし、薄醬油で煮る。また、ゆでて葛かけにする。角がつぶれないように、中まで温まるほどにする。煮すぎないようにしなければならない。葛一升に胡麻五合くらいがよい。

赤貝人参《にんじん》

赤貝のわたを取り、ざっと湯煮して、人参のように切る。人参の葉をゆでて、和え物や浸し物にして添える。

酢大根

三月大根[1]を短冊《たんざく》に切り、ざっとゆでて、胡麻味噌酢和えにする。

1三月大根　『本朝食鑑』によれば、大根は普通六月（陰暦・以下同）の土用の後に種を蒔き、冬十月か十一月に根を掘るが、八月か九月に蒔いて三月に根を掘るものを三月大根と称し、夏に甚だ辛くなる、としている。

甘味噌

麦一合と豆一合とを洗い、蒸してさます。これに麹二合と塩二合半、ただし暑いときには塩三合とする。水は七分にして仕込むが、十日も過ぎればなれる。

干し茄子

茄子のへたを取って洗い、皮のついたまま櫛形に、厚さ二分（〇・六センチ）くらいに切り、生醤油で煮しめて笊籬《いかき》に並べ、陰干しにする。長い間保存することはできない。

玉子湯葉

焼き玉子を、焦げないように幅三寸（九センチ）ほどの長さにのばして焼き、二寸五分（七・五センチ）くらいにたたんで湯葉のようにする。これを鰹のだしと醤油で葛煮にする。

雲丹《うに》玉子

焼き玉子に雲丹を入れて巻き、切って食べる。

出し崩《くず》し

卓袱《しっぽく》[1]の略式である。普通の料理を卓袱形式とするものである。例えば、煮しめ、焼き物・引落し・煮物・味噌汁・吸物などを出すが、料理の軽重については好みに任せるべきである。初めから終わりまで卓袱の趣とする。

1卓袱　卓袱は中国風の食卓の意で、卓はテーブル。袱はふくさ。すなわち、テーブルクロスを指す。江戸時代中期頃から長崎などで流行し、中国料理の日本化したものをいう。主に魚肉を用い、さまざまな料理を各種の器に盛り、卓袱にのせて、各自が小皿に取り分けて食べる。「出し崩し」はこの取り分けの意と考えられる。なお、普茶料理は卓袱料理の精進物を指す。

芋揃《いもぞろ》え

つくね芋・唐の芋・琉球芋など、いずれも皮をむき、湯煮してよく摺り、つなぎにはんぺんを入れる。基本的につなぎに葛を用いるとざくざくしてよくない。うどんの粉がよい。材料によって合わせるものを考えるべきだろう。

かれい和え

蒸しがれいの子だけを焼き、水気のないようにして砕き、魚類を造りにして和える。煎酒を猪口《ちょく》に入れて添える。

松木《まつぎ》豆腐

鰹だしに醬油を少し落とし、味噌をのばして、これを炭火で煮え立たせ、豆腐を切って入れる。夕飯に出すならば、朝から仕掛けておく。

白牛蒡《ごぼう》
牛蒡をこそげて、白くなったものを水に入れ、適当な大きさに切り、釜に入れて白水[1]で炊くが、蓋に重石を置く。よく煮えた後に酒煮にする。およそ一人に酒一合（〇・一八リットル）の割合とし、八人分に、醤油を椀の蓋で一杯ほど入れ、よく煮てから葛をひき、生姜《しょうが》を添える。

1白水　米の研ぎ汁。四三・八二頁の注参照。

溝《みぞ》しり蒸
生の鰯《いわし》を三枚におろして蒸し、葛をかけ、擂った生姜をそえる。

焼出し
豆腐を田楽の形に切ってから、横に三つに切り、一串に三つ刺す。田楽にして、きつね色になるくらいに焼き、すぐ皿に盛って、酢味噌をかける。

花霞《はながすみ》
蓮根《れんこん》をゆでて外の皮をむき、花の形にする。大和芋を擂り、葛の粉をつなぎに入れて箱に詰める。このとき蓮根を箱の真ん中に入れて置き、わきに芋を詰めて蒸し、小口切りにする。[1]さしこみによい。

1さしこみ　一四六頁の注参照。

黒豆汁

黒豆を水に漬けて蒔けば早く芽が出る。その芽を取って汁に使う。

白和《しらあ》え[1]

魚類を大きめの賽の目に切って、塩湯で煮て水気を取り、味噌と豆腐を入れて白和えにし、胡麻を入れる。

油抜《あぶらぬ》き

豆腐を油で揚げ、鍋からすぐ水に入れて油気を取る。これをまた水煮して味噌をかける。

縮《ちぢ》み鮑《あわび》

鮑の耳[1]を取って薄くへぎ、熱湯をかけたものである。

1 鮑の耳　鮑の黒い縁のこと。

精進玉子

豆腐の水を切り、葛の粉をつなぎに入れて固くのばす。人参の太いものを丸むきにして、この豆腐（豆腐を玉子に見立てている）で包み、外側を竹の皮で巻き、よく湯煮して小口切りにする。

花茗荷《はなみょうが》

茗荷の子の花だけを湯煮し、葛をひいて青海苔をかける。

柴漬《しばづけ》

茄子を薄い櫛形に切る。茗荷の子・唐辛子の粒・切り穂蓼《ほたで》の穂だけをしごいたものをたくさん入れ、塩を薄くふって茄子を漬ける。一夜漬の茎のようになる。

言種《ことぐさ》吸物

天門冬《てんもんどう》[1]の砂糖漬をざっと洗い、慈姑《くわい》を摺り、つなぎを入れ、これで包んで揚げる。水に入れ、油気を取って、吸物にする。あしらいは三つ葉のせん切りがよい。

1天門冬 ユリ科の多年草である草杉蔓《くさすぎかずら》の漢名で、その根を乾燥させたものを指す。漢方で滋養強壮や下痢止めなどにも用いる。

縮《ちぢ》み芋

長芋を一寸（三センチ）と三分（〇・九センチ）の短冊の形にして、かなり薄くへぎ、網に竹串を並べた上に並べ、遠火で焼いて塩をふる。焦げないように焼き、水気を切って焙《ほい》炉《ろ》に入れる。

氷柱《つらら》の吸物

塩湯を炭火で沸かした中に、かなり太い氷柱《つらら》を適当な大きさに折って入れて出す。しばらくは溶けることがない。

おろし鮑

鮑をおろしがねで摺りおろし、味噌汁に入れる。鱒などを切って入れるのもよい。また、玉味噌などもよい。

三つ葉飯

三つ葉を湯煮して、軸だけを粒切りにして洗い、飯にまぶす。これを蕎麦切《そばき》りの汁で食べる。

二度焼《ふたたびやき》

焼き豆腐を醬油で煮しめ、しばらく置く。水気を切って油で揚げ、味噌を薄くつけて田楽味噌とする。乾くくらいがよく、焦げないように焼く。

料理珍味集巻之四　終

鳴門《なると》煮《に》

鍋に塩をふり、鯛を三枚におろして切ったものを入れ、古酒[1]に白水を加えて、魚がひたひたになるようにする。酒気がなくなるまで煮て、飯のとり湯[2]をさし、かげを落とす[3]。きのこ、葱などを入れるとよい。

1古酒　蔵から出したばかりで、殺菌のための火入れをしていない酒を新酒というが、これに対して三月から五月頃にかけて火入れを行ない、貯蔵して熟成させたものを古酒という。

2とり湯　重湯のこと。

3かげを落とす　汁物などに醬油やたまりを少しさすことをいう。例えば、『料理物語』には「かげをおとすとは、すましにたまりをすこしおとす事也」とあり、『料理早指南』にも「かげをおとすとは、みそ汁にしてもすましにても、たまりを少しさす事なり」とある。

春の雪

豆腐のおからに、油を少し入れ、醤油で普通に煮る。おから一升に鰹節《かつおぶし》の粉一升、山椒《さんしょう》の粉を少し入れる。椎茸《しいたけ》・銀杏《ぎんなん》・麩《ふ》・栗の類を、別に味付けして入れ、型で押し出す。豆腐湯葉のおからがよい。

白蓮根《しろれんこん》

蓮根をゆでるときには、一番の白水でゆでる。その上に張木《はりぎ》をして蓮根が浮かないようにする。水から外に出たところは黒くなってしまう。塩は入れずにゆでるとよい。

玉子餅

玉子をゆで、丸のまま餅に包んで雑煮にする。取合せは、その時節のものとする。

曲水《きよくすい》

芋を煮てつぶし、米の粉を入れて、色をつける。黒・黄・白の類《たぐい》である。一色ずつのばし、重ねて巻き、布巾に包んでよく蒸し、小口切りにする。さしこみによい。魚類ならば摺り物がよい。

茄子団子

一口茄子の大きさの揃ったもののへたを取り、五つを串に刺し、油をひいて焼く。また、味噌をつけて焼いてもよい。

鯨蕎麦切《くじらそばき》り

鯨のいりかす[1]〈京ではかり鯨という〉の色が白く、黒皮を取ったものをかなり細長く蕎麦切りのように切って煮る。奉書[2]で油を取ることを三度くり返し、その後に湯で洗って蕎麦切り料理とする。

1 いりかす　煎粕と書き、『鯨肉調味方』には、「皮その外、臓身の内、油に煎じたる粕を云」とあり、鯨の黒皮や白皮さらには臓身の肉を煎じて油を取ったあとの粕のことを指す。

2 奉書　奉書紙のこと。一七〇頁の注参照。

豆腐を煮ても固まらない方法

豆腐を煮るときに、白灰汁をさして煮る。この白灰汁は練り物屋[1]にあり、たれかえしの灰汁である。この灰汁でにがりを取る。にがりを除けば、いつまで煮てもやわらかいもの

一勇斎国芳の「捕鯨の図」。鯨は古くから日本人の胃袋を満たしてきた。

である。

1練り物屋　絹を練ることを業とする店。すなわち、生織物を精練して柔軟性と光沢を持つ絹に仕上げる仕事に従事する店のことをいう。なお精練は生糸を灰汁などに浸して膠質成分を除去する。「たれかえし」はこの灰汁を指す。

たたき牛蒡

牛蒡を寒の時期に外に出しておくと凍る。これを煮え湯に入れて煮て、浮き上がったところを取り上げ、たたき牛蒡にすると、特にねばりが出るものである。

鰯飯《1いわしめし》

飯を炊き、吹き上がったときに、鰯の頭を取ったものを、飯に穴をあけて逆さまに差し込んでおく。飯ができた後で、尾を引き上げると身は飯の中に残って骨だけが取れる。そのまま飯を茶碗に移し、かけ汁にして食べる。

1鰯飯　これとほぼ同様の記述が『名飯部類』にあり、「丹後の真の金太郎いわし」をこれに使うとよいとしている。また、飯の上の水が完全に引いてから差し込むと火の通りがよく、かけ汁には薄味噌汁に刻みねぎがよい、と記している。

近江蕪丸漬《おうみかぶらまるづけ》

蕪を洗い、丸のまま塩を強くして、蕪の上下がゆがまないように並べ、普通に漬ける。三月の節句早々の頃に、豆腐の湯[1]を沸かし、一夜外に出してさまして、これに塩を合わせる。以前のくきの汁[2]をしぼり捨てて、このさました中に蕪を漬ける。または五月の節句早々の頃に、右のように豆腐の湯を沸かして塩を入れ、前の汁をしぼり捨て、漬けておいて六月に使う。重石は、中のもののすわりが悪いので、はね木[3]がよい。漬けてから汁をかえるまでは口を開けてはいけない。

1豆腐の湯　豆腐を作る際に、豆乳にニガリを入れて固めるが、その圧縮・成形の過程で出てくる湯のことと思われる。

2くきの汁　大根・蕪などを葉や茎と一緒に塩漬にしたものを茎漬といい、ここでは先に蕪を漬けて出た茎の汁の意としておきたい。

3はね木　物を抜き取る時などに用いる梃子のような木製の道具。

朝鮮焼

生鯛に切り目を入れ、これを朝から醤油に漬けておいて焼く。

湊《みなと》豆腐
焼き豆腐を、敷き鰹[1]に醤油を加減して煮る。夕飯に使うには朝から煮るのがよい。引き[2]飯《いい》を煎ってかける。

1敷き鰹　直鰹《じきがつお》ともいい、だし汁を用いずに、鰹節を直接に鍋などに敷き入れて味を出すこと。

2引き飯　道明寺糒《どうみようじほしいい》のこと。糯米《もちごめ》を蒸して乾かしたもので、普通は熱湯や水を注いでやわらかくして食べる。

浪寄《なみよ》せ
ただ芋[1]の芋茎《ずいき》の細くて白いものの皮を取り、一寸五分（四・五センチ）くらいに切る。明日使うものならば今日のうちから水煮する。煮立っても鍋の蓋を取ってはいけない。翌日これをしぼるときに、手を入れてはならず、杓子でしぼる。胡麻味噌に焼き豆腐を摺り込んだものでこれを和える。

1ただ芋　普通の芋の意で、里芋のこと。

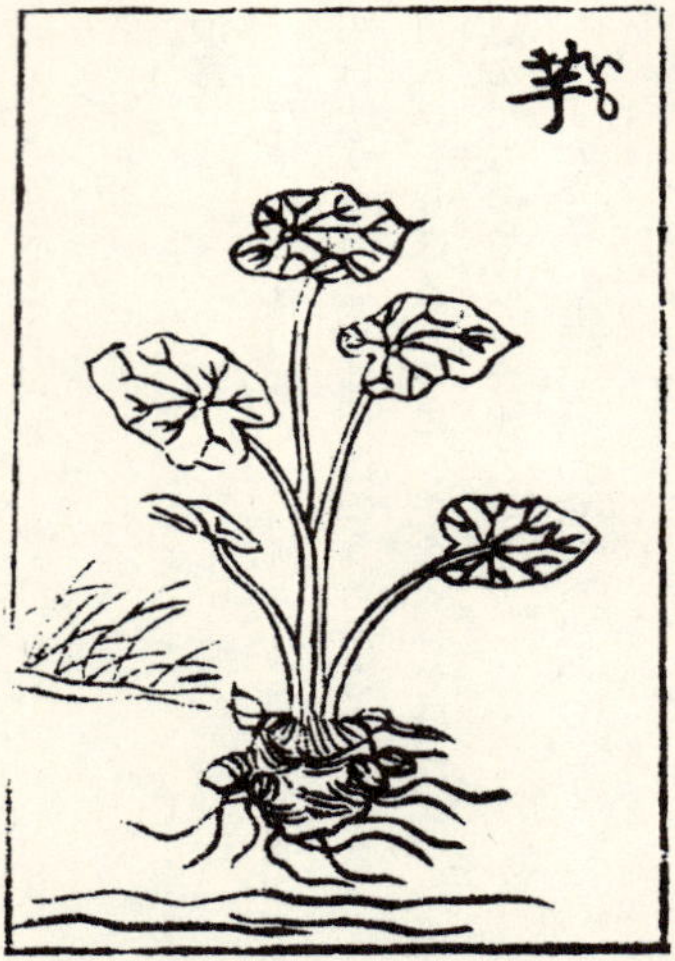

江戸時代の里芋の絵。茎の部分がずいきになる（『農業全書』）。

七日味噌

白麹一升〈ただし米のままで一升に当たる分量とする〉に塩二合三勺（約四一五ミリリットル）を、十四、五日前から合わせておく。豆一升をよく煮て飴[1]を入れて搗《つ》き、右の塩麹を入れる。温かいうちに桶へつき込んでおき、七日過ぎてから使う。

1 飴　原文では、米や粟や芋などの澱粉質を糖化させた飴の字をあてているが、本来は灦《あめ》と書くべきで、醤油や味噌をつくるために大豆を煮たときに出る汁の意。なお、『和訓栞』には「豆汁を俗にあめといふ」とある。

長崎ごた煮

大鉢に煮たものを取り集めて入れる。時節のものならなんでも、精進、魚類と限らず入れ、杉楊枝《ようじ》一把《わ》を添えて出す。コップ[1]での酒盛りの肴として用いる。

1コップ　コップを用いているところに長崎の地名を付した意味がある。

焼き蛸《だこ》

蛸の足をぶつ切りにして、醤油の付け焼きにする。

ふくさ芋

子芋の落子《おちこ》といって、小さな粒芋をざっと湯煮し、湯を捨てて、醤油と酒を等分に合わせて、ひと煮立ちさせたら火を消し、代わりに炭火を入れて半時（一時間）ほどして出す。水で溶いた葛をひき、山葵《わさび》を添える。

鶏頭搔敷《けいとうかいしき》

鶏頭の花のところを取り、花のところに酢に漬けたはじかみを置く。

深身草《ふかみぐさ》

鯛を投造り[1]にして、鉢の縁から一切れずつ順に並べる。真ん中に玉子をゆでて切ったものを置く。煎酒《いりざけ》・山葵《わさび》がよい。味噌・辛子などは汚い感じでよくない。

1投造り　切りっぱなしにした造りの意。

茶の若芽

茶の若芽を洗ってゆで、ほろ和え[1]がよい。浸し物にすると渋くてよくない。

1ほろ　天日で乾かして細かくした焼き味噌に、胡麻・麻の実・くるみ・山椒などを混ぜた法輪味噌のこと。茶の若芽の代わりにツバキの新芽でもよい。

揚げ田楽

揚げ豆腐を湯煮して串に刺し、ひと通り火にかけ、水気を切る程度にして、葛だまりに辛子を打ち込んでかける。

琉球蜜柑《りゅうきゅうみかん》

琉球芋[1]をゆでて皮をむき、擂りつぶして蜜柑《みかん》の形に丸め、青海苔の粉をまぶす。軸には、蜜柑《みかん》の葉をつける。

1 琉球芋　七八頁の注参照。

浜土産《はまみやげ》

小さい鱧《はも》のひれを取り、尾のほうだけをかなり薄く小口切りにして、ざっと湯通しし、味噌酢で食べる。骨はやわらかくなる。向付《むこうづけ》[1]によい。

1 向付　向詰ともいい、膳部の中央より向こう側に付けるので、この名がある。本来は膾料理を盛ったが、刺身などを用いるようになった。なお、茶の湯では、この器に陶磁器が用いられる。

甘《あま》まい

冬大根の太いものを二寸（六センチ）くらいに切り、炭火で酒煮にする。出すときに味付け味噌をかける。

手《て》鞠昆布《まりこんぶ》

[1]薄雪昆布を軽く丸め、紙に包んで油で揚げる。

1薄雪昆布　とろろこんぶのこと。

[1]加茂《かも》瓜《うり》甘酒

加茂瓜の皮をむき、種をとる。麹とその三分の一の飯を入れ、先の瓜を入れる。溶けて水のようになるので、これに甘酒を普通に入れて呑む。

1加茂瓜　冬瓜《とうがん》のこと。

寺田《てらだ》粉《こ》豆腐

豆の粉に米の粉を入れてこね、適当な大きさにとって味噌焼きにし、汁に入れて煮る。大根をたくさん入れるとよい。

ふくさ和え

牛蒡を洗って適当な大きさに切る。よくゆでて、鍋のままでゆで汁に漬けておき、半日ほどしてから湯を捨てて、胡麻《ごま》味噌で和える。

粕煮《かすに》

粕を味噌汁で味加減する。加薬に味をつけておき、別に煮た粕にかける。

蒸し蕪

近江蕪の皮をむき、水と酒とを同量にして蒸し、葛あんをかける。

着勢綿《きせわた》[1]

鮑の生のわたの大きいものを、塩を少し入れてゆで、さました後で、粕に塩をしたものに漬けておく。

1 **着勢綿** 重陽の節句の菊の被綿《きせわた》のこと。鮑につける酒粕を、菊にかぶせる綿に見立てている。ちなみに重陽には菊花の露で顔や身体を拭くと不老長寿になるといわれた。

干し刀豆《なたまめ》[1]

刀豆を洗ってすじを取り、小口からかなり薄く刻んで塩でもみ、干し乾かしてとっておく。使う時には、煮え湯にしばらく漬けてから、もんで胡麻・醬油・酢を添える。

1刀豆　莢《さや》豆のこと。刀《かたな》のことをナタというが、この豆のさやの形が刀に似ているところから名付けられた。マメ科つる性の一年草で、福神漬などの材料に用いられるが、隠元豆《いんげんまめ》や空豆を指す場合もある。

精進鮑《しょうじんあわび》

松茸《まつたけ》の軸の太いものを鮑の形に切り、生醬油で煮て縦に薄く切る。生姜酢を添える。

気《き》転《てん》吸物

摺り物の中に粒胡椒一粒を入れて包む。この摺り物はもっぱらおとし[1]にする。薄醬油仕立てにし、取合せは青海苔の類を見合わせて入れる。

1おとし　落としゆでのこと。湯を煮沸かした中に落として湯がくこと。

酢かんぴょう

伊勢かんぴょうを、幅はそのままで長さ一寸五分（四・五センチ）くらいに切り、しばらく水に漬けておいた後で、味をつけて生姜酢をかける。

早青豆

四月頃、空豆のあまり実の大きくなっていないものを除いて湯煮し、のっぺい[1]に使う。

1のっぺい　一一九頁の注参照。

薯蕷麵《しよよめん》[1]

自然薯《じねんじよ》の皮をむき、摺って漉《こ》し、うるち米の粉の細かいものを混ぜてこね、打ちのばしてうどんのように切ってゆでる。汁はうどんの汁と同じように作る。

1薯蕷麵　薯蕷は山芋の総称であるが、長芋や仏掌薯などの栽培種に対して、野生のものを自然薯という。

桔梗《ききよう》味噌

うるち米の糠《ぬか》四分、もち米の糠六分に、塩一合と甘酒を漉したものを加え、固くこねて仕込んでおき、二十日過ぎたら使ってよい。

那智鰹《なちがつお》

生の鰹の皮を取り、身の形を整えて絹に包み、滝に打たせて晒した後で、蜜に漬けておく。また滝に打たせてから造りにして食べる。煎酒《いりざけ》・酢を添える。ただし、滝は筧《かけい》[1]でもよい。

1筧　モウソウダケを半分に割って節を取り除き、水を引くために用いる樋のこと。この筧の水に打たせる様を那智《なち》の滝に見立てている。

もみ大根

三月大根を薄く短冊に刻み、葉は細かくたたき、この大根と葉を一緒に塩でよくもんで固くしぼり、胡麻・味噌・酢で和える。

三番点心《さんばんてんしん》[1]

向付として、小盆に羊羹《ようかん》を三切れと、すまし汁に針牛蒡《はりごぼう》・榧《かや》を小口に切って入れたもの、さらに小皿に辛子をのせ、猪口《ちょく》を一つ添えて出す。羊羹は盛って出した上の一つを箸で取り、左の手にのせ、半分折って膳のわきに置き、その残りを食べる。残らず食べてしまわなくてもよい。次にお重で、饅頭を二つずつ羊羹の後に引く[2]〈羊羹を食べ残してあれば紙にのせてわきによける〉。このときに汁を吸い、饅頭を箸にはさみ、左の手にのせて握り、半分にして食べる。これも残らず食べなくともかまわない。次に湯素麺《ゆぞうめん》を出す。そのときに猪口へ汁を注ぐ。辛子も、このときに入れて用いる。

1点心　正午の昼食前に、一時の空腹をいやすための少量の食事の意で、禅家の昼食を指したが、中国料理に添えられる菓子をいう場合もある。いずれも転じて茶受けの菓子の意に用いられる。

2引く　九七頁の注参照。

精進はんべい[1]

琉球芋[2]・唐の芋[3]かしら・栗一つに、葛をつなぎに入れ、摺ってはんぺんのような形にして油で揚げる。これを水に入れ、油を取って、盛り合わせる。あしらいは、季節によって好みのものとする。

1はんべい　一四二頁の注参照。

2琉球芋　甘藷《さつまいも》のこと。七八頁の注参照。沖縄の事情を伝えた『中山伝信録』には砂中に蔓生し、人々の食糧としている旨が記されている。

3唐の芋　八一頁の注参照。芋かしらは球根部を指す。

長崎マントウス

はん[1]〈餡のない饅頭のこと〉の皮をむいて、蜜に漬け、油で揚げる。また、玉子を塗って蜜で煮る。

1はん　パンのこと。パンは南蛮貿易のはじまった江戸初期に日本にもたらされたが、日本の食生活には入りこまなかった。ただしその存在は江戸後期になると人々にも知られ、天明八年序の『蘭説弁惑』には「オランダ人常食にパンといふものを食する由……これは小麦の粉に醴を入れ、ねり合せて蒸焼にしたるものなり」とある。またこの頃長崎を訪れた司馬江漢も、その著『西遊日記』にパンを食した旨を記している。

袋玉子

『料理山海郷』[1]で書いたようにして、玉子を袋に入れるが、その前に玉子をちろり[2]に入れ、箸でまわして湯煎にする。人肌になったら袋に入れるが、こうすると袋から漏れることはない。

1『料理山海郷』　五一頁の「袋玉子」の項参照。

2ちろり　酒を温めるのに用いる金属製の容器で、円筒形をなし、注ぎ口と把手がついている。

玉子蕎麦切り

『料理山海郷』[1]に書いておいたが、ゆでると玉子のにおいが抜けてしまう。これをとめるには、ゆで湯の中に、蕎麦粉一升ならば石菖《せきしょう》[2]の葉を二、三枚入れてゆでるとよい。

1『料理山海郷』　九三頁の「玉子蕎麦切り」の項参照。

2石菖　サトイモ科の多年草。ショウブに似た香りを持ち、渓流の砂泥や岩の上に生育する。根や茎を乾かして鎮痛剤や駆虫剤にしたり、浴料などに用いる。

料理珍味集巻之五　大尾〔終〕

華洛　博望子述

解説　『料理山海郷』『料理珍味集』について

原田信男

一、近世における料理書の登場と性格

まず『料理山海郷』と『料理珍味集』の説明に入る前に、料理史と料理書（料理本）の流れについて概観し、そのうえで両書の位置づけを明らかにしていきたいと思う。そもそも和食は、味噌・醬油・酒・酢などの発酵調味料と昆布・鰹節などによる出汁に特徴があるが、これは鎌倉期における精進料理の影響を承けて、室町期に本膳料理として完成をみた。さらに戦国期の茶の湯に伴う懐石料理によって成熟の域に達していた。しかし中世までの料理は、茶の湯がティーセレモニーと訳されるように、すべてが儀式料理であった。つまり決まった時に決まった場所で決まった人物しか口にすることができなかった。

しかし近世に入ると、事情は大きく変化する。戦乱が終わって天下太平の世が訪れ、商

工業が発達し社会全体に余裕が生まれて、料理が商業の対象となったためである。料理屋が展開したことで、金さえあればいつでも好きなときに料理が楽しめるようになった。また料理書を通じて料理の知識と技術が自由に手に入る状況が生まれた。さらに発酵調味料の生産・販売が一般化し、少量でも購入が可能となり、その利用が容易になった。こうして近世には、料理が人々にとって身近な存在となったのである。

もちろん近世といっても前期と後期では様相が異なる。前期・後期という区分は、商品経済の展開によって、やむなく幕府が改革に着手せざるを得なくなる享保期に求めてよいだろう。まず料理屋についてみれば、前期には煮売り・焼売りなどの小規模店が中心で、京都東山付近には時宗寺院などで営まれた貸席料理屋がある程度だった。ほかには商家が商人宿を兼業して食事を提供したり、上客への接待として料理を振る舞ったりするというのが一般的だった。また発酵調味料にしても、かつては奈良や京都の寺院の僧房に蓄えられていた技術で、裕福な商人が比較的大規模な酒屋や醬油屋を営んでいたに過ぎなかった。

これらに対して料理書は、料理流派の秘伝書として室町期に成立したもので、それまでに蓄積された料理に関する知識と技術が示されている。そして近世に入って出版業が発達すると、こうした料理書が出版されるようになる。寛永二十(一六四三)年に刊行された『料理物語』を、その嚆矢とするが、同書については慶長(一五九六～一六一五)年間の写本が知られており、原本は存在しないが、旧来の蔵書目録などから、原題簽は『料理秘伝抄』であったことがわかる。[1] また慶應義塾大学田村魚菜文庫には、寛永十三（一六三六）年の写本も存在する。従って、『料理物語』の成立年代は、詳しくは分からないが、同書は料理書の登場と性格を考える上で、きわめて重要な位置を占めるので、もう少し触れておきたい。

まず原題が『料理秘伝抄』であったことの意味は重要で、〝秘伝〟が出版されたという点に注目しなければならない。それまでの中世の料理書のように、料理流派内部の一子相伝あるいは門弟への直伝という形ではなく、秘伝的であった料理の知識や技術が公開されたことになる。また寛永本双方の跋文には、冒頭に「庖丁きりかたの式法によらず」とあり、料理流派からの逸脱を意識する形で、同書の刊行に踏み切ったことが窺われる。さらに寛永二十年本の跋文には「武州狭山に於いて之を書く」とあるが、この狭山という地名は、寛永十三年本の内容に手を加えて二十年本の版下用の文章を整えた場所だと考えられている。しかも跋文では「たびの空のつれづれのあまり」の筆だとしていることなどから、著者は関東ではなく大坂生まれの京都定住者と推定されている。[2]

そもそも料理書とともに料理文化の重要な三要素となる料理屋と発酵調味料についても、先にみたように京都の貸席料理屋がその走りであり、発酵調味料の高度な技術も古都の寺院に起源があった。つまり料理文化は、中世の京都・奈良・大坂（堺）を中心に展開を遂げたもので、江戸で料理文化が花開くのは、十八世紀後半の宝暦〜天明期以降のことに過ぎない。いずれにしても近世料理書の出発点となった『料理物語』は、京都を中心とした上方において歴史的に蓄積された料理知識の成果を示すものとしなければならない。

あくまでも江戸幕府の成立は、慶長八（一六〇三）年のことであるから、『料理物語』慶長本の存在は、この料理書が江戸とは無関係であることを示している。この時期の江戸に体系的な料理文化が存在したとは考えられない。つまり江戸料理といっても、その原点は関西にある。また『料理物語』は単冊ながら、ほぼ前半が魚鳥や野菜など料理の食材ごとの記述で、後半では刺身・煮物・焼物・吸物といった料理法が主に述べられている。まさに料理全体を鳥瞰するような構成となっており、儀式的な作法の問題を除けば、中世以来の典型的な料理書としてのスタイルが採られている。

こうした料理書は、近世前期に盛んに出版されるが、いわば料理の百科全書的なもので、料理人のための実用書であった。商業活動が活発化した寛文〜延宝から元禄期にかけて、この種の料理書がいくつも出版される。寛文九（一六六九）年から延宝二（一六七四）年の間に刊行された『古今料理集』七巻八冊は、料理書の白眉ともされるもので、その後アレンジされ『江戸料理集』と改題して版を重ねている。しかし江戸とはいっても巻一の序文に「江戸においてためし書付侍る」とあることから、『料理物語』同様に、やはり著者は関西の料理人と考えてよいだろう。また元禄二（一六八九）年には『合類日用料理集』五巻五冊、さらに同九（一六九六）年には懐石料理に特化した『茶湯献立指南』八巻八冊が刊行されているが、いずれも大部な専門料理書で、版元は京都の書肆である。

なおこの時代の専門料理人とは、基本的に幕府や大名家などの専属で、中世的な料理流派の流れを汲む人々が中心であった。そして彼らが利用した料理書は、中世同様に出版されずに、一子相伝的な流派のなかで写本として伝えられた。そもそも近世に入っても、しばらくは本格的な料理屋は出現せず、客の都合に応じて利用される貸席料理屋や、商家の接待などでの料理は、いずれも献部を省いた本膳料理の本膳部分が並ぶだけであった。従って、そうした市中の料理を担当していたのは、いわばセミプロ的な料理人で、彼らは必要とされた時に雇われて働いたに過ぎない。おそらくは料理流派の末端にいた人々が中心で、料理の概要については知っていたものの、専門の詳しい知識は有していなかったことから、市販の百科全書的な専門料理書には、彼らの需要があったとしてよいだろう。

二、料理本としての『料理山海郷』『料理珍味集』

近世も後期に入ると、元禄期を上回るような形で商品経済が著しい展開をみせ、庶民にも経済的な余裕が生まれた。農村からの年貢収奪に基づき、自給自足経済を基本原則としてきた幕府は、享保期以降に抜本的な政治改革の必要を迫られたのである。しかし復古的な改革では、時代の流れを変えることは出来ず、生活文化をめぐる状況に大きな変化がみられ、多くの人々が食そのものを楽しむような時代が到来した。とくに十八世紀後半の宝暦~天明期は、庶民文化が開花し始めた時期で、世界最大の人口を擁していた江戸において、飲食業はとくに著しい展開をみせた。

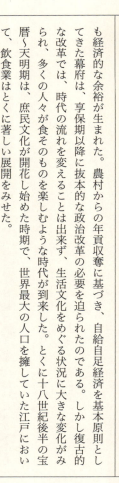

たとえば山東京山の『蜘蛛の糸巻』料理茶屋の項に、「百五六十年以前(十七世紀末頃)は、江戸には飯を売る店はなかりし……しかるに都下繁昌につれて、追々食店多くなりし中に、明和(一七六四~七二年)の比《ころ》、深川洲崎に、升屋祝阿弥と云ひし料理茶屋、亭主は剃髪にて、阿弥といふ名をつけしは、京都丸山に倣ひたるなるべし」などと記されており(3)、この時期の江戸を代表する高級料理屋として繁昌していた洲崎の升屋が、京都円山の料理茶屋を真似たものであることが指摘されている。

いずれにしても近世も後期に入ると、とくに宝暦~天明期には、江戸市中に料理屋が林立し、食を楽しむ身近な存在となっていった。また発酵調味料の代表ともいうべき酒についてみれば、それまで評判の高かった上方からの下り酒に対して、関東における酒造が盛んになりつつあった。こうして醸造技術が地方的な広がりを見せ、村々の素封家が酒のほかにも味噌や醬油などの製造に乗りだし、さまざまな発酵調味料の入手もきわめて容易になった。これによって発酵調味料が四文屋や屋台ソバのような小規模な飲食商売に提供され、家庭レベルでも手軽に料理に利用されるようになった。

そして料理書についても、前期の専門的な料理書に対して、後期には新たな読者層をあてこんだ料理本と呼ぶべきものが出現するようになる。料理書には専門的なニュアンスがあるが、料理本には読む楽しみを目的とするところが多く、著者は必ずしも料理人とは限らない。

しかも寛延元（一七四八）年に刊行された『〈料理〉歌仙の組糸』は、一巻一冊という非常にコンパクトな構成が採られている。そして冒頭の「料理心得之事」に多くのページ数をさいた上で、二汁七菜の料理を一月から十二月まで、各月三例ずつ計三十六例を並べ、それぞれの料理法を簡単に解説するに止まっている。さらに序文では、料理＝楽しみという認識を前面に打ち出し、しかも「思ひつきの料理」すなわち専門家ではなく素人のための料理を念頭においた旨が強調されている。また「料理心得之事」には、内容的に見るべきものはなく、単なる一般論に終始し、三十六例の献立も参考といった程度にすぎない。書名は、この献立数にちなむもので、料理書というよりは風流味を湛えた読み物としての性格が強い。この『〈料理〉歌仙の組糸』を皮切りに、その後、宝暦年間頃から一巻ものの料理本が急増する。

例えば宝暦十（一七六〇）年に刊行された『献立筌』の作者・山川下物は、大坂に住み、無尺舎主人念夢と称した文人で、料理人ではなかった。その凡例では、料理のことは料理人に任せるべきで、この書は献立の物好きの参考とすればよい、献立は珍しいものが最近の流行だ、としている。四季の食品とその料理法の記述が大半を占めるが、面白いのは、これらを小札の表裏に書き写し、これを自由に組み合わせて献立を考えればよいという。いわばカード式献立作製法の紹介である。その献立名も、実盛・船弁慶などといった芝居の演題が付されており、それらの場面の一部を再現するような盛り付けが提案されている。この『献立筌』を明治の文豪・幸田露伴は、「数寄を尽し風雅を極めしもの」とし、本の体裁も洒落ていて面白いと絶賛している[4]。一般の読者を対象とした典型的な料理本といえよう。

こうした流れのなかで登場してきたのが、まさに『料理山海郷』と『料理珍味集』であった。前者が宝暦と年号が変わる前年の寛延三（一七五〇）年、後者が宝暦最後の同十四（一七六四）年の刊行である。その間十四年の歳月を隔てるが、共に五巻五冊の構成をとり、おのおの二百三十ずつの計四百六十の料理法を収めている。同一著者の手になる同一スタイルの料理本で、同一の出版者によって刊行されている。

三、著者と出版者について

次に著者の問題を両書の序文から考えてみたいので、原文を示しておく。

序（『料理山海郷』）

古に塩梅《アンバイ》の和を以、良さの秤《ハカリ》とし、五味能ク五行をわかつ。足曳の山の芋、荒金の土生薑も、其庖人の手功によりて美味をなす。あら潮のしほの八百路の鳴門鯛、あし辺をさしてなく鴈のたくはへ。その製によりて、其もてなし草もたけき、山海郷のはしめに、おのれなん、ことはを加へよと望めり、おろ〳〵筆を採て、つとめたるわさをほめなすと示尓《シカイフ》。

寛延つちのとのみの春

園趣堂主人書　（印）

序（『料理珍味集』）

太古はいまだ火化《クハクハ》あらず。ただ禽獣の血を呑、生肉を食ふのみ。庖羲《ホウキ》氏始て生を炮《アブリ》て熟とし、以て腥食《セイショク》を変じ給ひ、神農民に粒食を教て、米粒をして焼石の上に置て炙《イリ》て是を食しむ。黄帝の時、始て釜甑《フソウ》を作て、火食の道備しより、今に至て庖人手功を尽し、美味を献ず。其穀をして肉に贋《ニセ》、肉をして穀に変ず。是庖賞《ホウシヤウ》の加減に非ずして、何ぞや。洛東の博望子者、其道に熟せり。先に美味雅肴を撰《エラミ》て、既に梓に刻て海内に公にす。料理山海郷是也。今又漏たる新製珎味を拾ひて後篇成《ナン》ぬ。題して料理珎味集といふ。一日予に序を乞に至て、屢《シバシバ》是を熟覧するに、信に珎製美味也。且未食ずして、口に殆《ホトンド》餘味《アヂハヒ》を生ず。漸《ヤヤ》津液《シンエキ》を拭《ノゴ》ひ、舌打して書すと云爾《シカイフ》。

宝暦十三未の歳

霜降月吉辰

華文軒主人　（印）

これらの訳文については本書該当部分を参照されたいが、とくに後者の序文から、共に作者は「洛東の博望子」なる人物で、両書が正続もしくは姉妹編の関係にあることがわかる。ところが前者の刊記には「華洛　博望子述」とあるが、序文には作者に関する記述がないため、『国書総目録』(5) および『料理文献解題』(6) では、序文の筆者である園趣堂主人を博望子と同一人物と解している。しかし前者の序文からも園趣堂主人は推薦文を依頼されたにすぎず、両人が別人であることは明白であろう。同様の混乱は、すでに江戸時代からも起きており、江戸本屋仲間の出版許可控である『〈享保以後〉江戸出版書目』(7)でも、『料理山路《ママ》郷』を「博望子作」としながら、『料理珍味集』については「華又《ママ》軒」を作者としている。

近世後期の料理本には、基本的に戯作的色彩が濃く、作者名をペンネームとして本名を記さない傾向にあるが、両書の作者「博望子」も同じで、本名を知り難く、どのような人物であったかについては未詳である。しかし「華洛」「洛東」とあることが、推測にあたって唯一の手懸りとなる。博望子が「洛東」すなわち京都東山の住人であることに注目する必要がある。当然のことながら、料理の手腕と知識に長けた人物でなければならず、おそらく京都東山に集中していた料理茶屋の主人もしくは料理人だったものと思われる。

次に底本の刊記から、出版者の問題を考えてみたい。両書の刊記は次の如くである。

(『料理山海郷』刊記)

華洛　博望子述

寛延三庚午春

江戸通本町三丁目

西村　源六

堀川通錦小路上ル丁
京都書坊　西村市良右衛門　開
姉小路堀川東へ入丁
中川茂兵衛　版
建仁寺町四条下ル丁
中西卯兵衛

（『料理珍味集』刊記）
宝暦十四年申正月吉日
皇都書林　　中川　藤四郎
東都書林　　須原屋茂兵衛

ところが、両書ともに同じ刊年で書肆名の異なるものがあり、『〈翻刻〉江戸時代料理本集成[8]』第十一巻の解題に、その紹介がある。『料理山海郷』の同年異刊記本（大江文庫本・魚菜文庫本）では、「建仁寺町四条下ル丁　中西卯兵衛」が、「堺町通二條下ル丁　中邑仁兵衛」となっているが、開版が西村市郎右衛門であることは動かない。しかし『料理珍味集』の刊記の方が問題で、このままでは京都の中川藤四郎の出版と読めてしまう。これに関しては、同年の異刊記本である大江文庫本に「皇都書林中川藤四郎」の両横に二軒の書肆が並び、右に「西村市郎右衛門」、左に「中西卯兵衛」が加わって、計三軒の書林名が記されている点に注目すべきだろう。

そこで、先にも触れた『〈享保以後〉江戸出版書目』の記載を確認しておこう。

料理山路《ママ》郷 九十九丁 全五
同（寛延）三午春
博望子作
京西村一郎右衛門
売出　同（西村）源六
（中略）
料理珍味集　全部五冊
墨付七十三丁
宝暦十三霜月
作者　華又《ママ》軒

板元京都西村市郎右衛門

売出　同（西村）源六

この記載のうち『料理珍味集』の刊年と作者については、同書の「序」から採ったもので正確さを欠くが、『〈享保以後〉江戸出版書目』は本屋仲間の開版販売の認可記録簿であることから、版元の情報については信頼してよいだろう。やはり両書の出版を「華洛　博望子」に促したのは、京都三条の「堀川通錦小路上ル丁　西村市良右衛門」であり、これに江戸の文刻堂西村源六や須原屋茂兵衛が売出として加わったと見るべきだろう。矢島玄亮氏も『徳川時代出版者出版物集覧　続編』(9)で、『料理珍味集』を西村市郎右衛門の出版物としている。

この西村市郎右衛門は、載文堂と称する京都の有力書肆で、医学書・俳諧書・書籍目録・料理書などの分野で出版活動を続けたが、料理書に手を染めたのは、享保十五（一七三〇）年刊の洛西嘯夕軒宗堅著『料理網目調味抄』あたりからと思われる。西村市郎右衛門は、茶人を読者対象として茶料理に詳しく、優れた料理観を展開して料理本の源流をなすと考えられる同書を(10)、京都中川茂兵衛・江戸西村源六とともに刊行している。彼らは『料理山海郷』の刊記にも名を連ねており、古くから親密な関係にあったことがわかる。おそらく同書の成功に味をしめて、『料理山海郷』の刊行を企て、その続編である『料理珍味集』を世に送り出したものと思われる。すなわち両書とも、京都で執筆・出版されたもので、その販売に江戸の有力書肆が加わったと考えるべきだろう。

四、『料理山海郷』と『料理珍味集』の特色

両書とも、料理法を順次書き記したもので、書物としての構成は単純を極める。その内容は、それぞれ二百三十ずつの料理法を、巻一から巻五まで、各巻ごとに四十六品を単に割り振ったもので、例えば季節別もしくは材料別といったような配列方法は採られておらず、格別の工夫が見られるわけでもない。とにかく料理法や食品保存法および料理のコツなどを羅列しながら一書に仕立て上げている。

ただ内容上で、最も特徴的なことは、料理名に雅名と地方名が付せられている点であろう。まず地方名の付くものを列挙してみる。

桑名時雨蛤・仙台煮・越前いり和・越後鮭塩引・伊勢赤味噌・近江醒井餅・南禅寺山椒・道明寺香物・甲州打栗・丹後塩引・南部貝・八幡茎・熊谷でんがく・難波津・土佐粉・仙台冷物・三笠味噌・目黒淡雪・土佐酢（以上『料理山海郷』）

長崎打鯛・越前沖鱠・兵庫煮・瀬戸食・鳴門銭漬・薩摩すみれ・小倉田楽・酒田粥漬・近江ころ煮・長崎パスデイラ・若狭鰱鮓・天王寺錦洞・宇治丸・大原苞・秋田水団子・近江野田餅・長崎巻チェン・伊勢豆腐・宇治川・秋田ふすべせんのう・肥前定家煮・奈良菜飯・江戸餅・因幡蟹びりじ・長崎麻麸・鳴門煮・近江蕪丸漬・長崎ごた煮・琉球蜜柑・那智鰹・長崎マントウス（以上『料理珍味集』）

全四百六十種のうち計五十の料理法に地方名が冠されているが、このほかにも例えば、「砂糖梅」では豊後梅を、「鴨蕪」では近江蕪を使用するなど、全国各地の地方材料がしばしば登場する。もちろん地名の付された料理名がそのままその地方独自の料理法であることを意味せず、那智滝に打たれることを見立てた那智鰹のように、調理法とは無関係に地名をこじつけたものや、天王寺蕪などのように、単に素材の名産地を冠したものが多いところから、随所に全国の地名がちりばめられてはいても、両書を地方料理の書とすることはできない。しかし「蕎麦切」の項には、

信濃の粉は湯にてこねるがよし。暖国にて出来たる粉は水にてこねるがよし。土用の中の粉はよし。土用過の粉はあしゝ。

などとあるように、著者博望子が、全国各地の名産品や調理法にかなりの程度で精通していたことが窺える。すでに江戸初期には、全国の名産を記した俳諧書『毛吹草』のような書物もあったが、[11] 江戸中期には国内全ての動植物調査が行なわれ、各地で『産物帳』が作成されて、[12] 全国の情報はかなり入手しやすい状況にあった。京都にあった博望子は、そこに流入してくる各地の名産品に接して、豊富な料理知識を蓄え、その一端を披露したのが両書であったといえよう。

先の地方名を付した料理のうち、長崎を冠するものが六つあるが、この場合の〝長崎〟とは異国料理の意と考えてよい。西洋料理も採り入れられてはいたが、中心は中国料理にあり、民間にも比較的知られていたものと思われる。日本で最初に中国料理を記したのは、元禄十（一六九七）年の『和漢精進料理抄』であるが、その後で最も本格的な『八僊卓燕式記』には、宝暦十一（一七六一）年の序文がある。これは『料理山海郷』に遅れること十一年に及ぶが、続編『料理珍味集』刊行の三年前にあたり、その後の料理書ブームからすれば、比較的早い時期の公刊に属する。また数少ない当時の料理書出版状況を考慮すれば、中国料理に人気があったことが自ずと了解されよう。『料理山海郷』『料理珍味集』には、こうした〝長崎〟もののほかに、南京汁・阿蘭陀味噌・北高麗・南蛮味噌・黄蘗いり出・南蛮煮・南京蛤・唐田楽・なんちん豆腐・交趾味噌・異国ゆば・唐煮・朝鮮焼

などが挙がっているが、これらも必ずしも外国の調味法を伝えたものではなく、和食と異なって油を多く用いたり、南蛮唐辛子や肉桂などの独特な香辛料を加えた料理に付された呼称と考えた方が実際に近いだろう。

なお、書名の「山海郷」は、古代中国の地理書『山海経』にかけたもので、日本全国各地、さらには異国の美味を一堂に集めようとした意図がこめられている。さらに続編の「珍味集」も、山海珍味という成語にちなむもので、正編を承けた命名とするのに間違いはないだろう。

さらに両書の料理名のもう一つの特色である雅名についてみてみよう。以下のようなものが眼につく。

ふき上・千鳥・霜ふり・菊閉・琴の音・観音経・薄みどり・蘭花・竜田川・菊よう・薄紅梅・露子・浅茅・此はな・磯馭盧島・隠れ里吸物・定家飯・衣手・源氏柿・吉野

川・花霞・春の雪・浪寄

といった類で、これらの料理名からは、材料はおろか料理法すらも、その内容を想像することはできない。おそらく出された料理を見て、なるほどと肯かせるものがほとんどで、これらの命名自体に、料理そのものに関わる特別な意味は含まれていない。

しかし、これらの雅名が料理の見立てにかかわるものである点には注意を払う必要があろう。さらに言えば、先の地方名を冠した料理にも、この手のものが少なくない。先には挙げなかったが、例えば近江国坂田郡筑摩村の名を冠した「筑間玉子」は、古くからある「玉子ふはふは」を小鍋に仕掛けただけのもので、同村筑摩神社の鍋祭りにかけた命名にすぎない。おそらく地方名を冠した料理名も、これらの雅名も発想は同根で、それは〝見立て〟という行為に集約される。

一見ばかばかしく思われるかもしれないが、こうした料理の命名法には、日本における料理史の転換点が示されている、とすべきであろう。ここでは、もはや料理が単に味覚を楽しむというレベルを、はっきりと越え始めていることに注目したい。先にも述べたように、『〈料理〉歌仙の組糸』や『献立筌』などによって、料理に〝遊び〟の要素が取り入れられたことの意味は大きく、『料理山海郷』と『料理珍味集』とが、〝見立て〟という一点でこれを継承し、料理本としての性格を前面に打ち出して、後に『豆腐百珍』が登場するような下地を築いたのだ、といえよう。

〝見立て〟との関連でいえば、精進物もまた同断である。両書には、

精進身鯨・精進かわ鯨・精進膾・精進飯蛸・精進雲丹・精進玉子・精進鮑・精進はんぺい

の八種類の料理法が記されているが、これらは植物性材料を用いながら、動物性食品に見立てるという趣向を採っている。

こうした〝見立て〟と共に留意すべきは、早仕立て、つまりインスタント料理法である。

早餅・早温飩・早山椒芽・早葛切・早葛・早糠味噌・早甘酒・早独活・早柚干・鮭早鮓・早じゅんさい（以上『料理山海郷』）

早煮梅・串貝早煮・早烏賊・松茸早鮓・生蕨早ゆでの法・早青豆（以上『料理珍味集』）

この中には、「早煮梅」のように、炊飯時の余熱を利用するものもあるが、「早烏賊」の

ように、茹で卵の白身をイカに見立てただけのものもある。とにかく両書の本質は、まさに〝見立て〟にあるといっても過言ではない。もちろん料理名にまどわされてはならないが、料理法の省略化のためのアイデアが各所に示されている点も興味深い。

五、『料理山海郷』『料理珍味集』から『豆腐百珍』へ

さらに両書には、料理法のみならず、料理に関する秘訣や知識、また保存法などについても記されている。これらは、それぞれの料理法の部分に書き添えられている場合もあるが、独立した項目としても記述されている。

新製径山寺味噌・久敷持白魚・とろろ暖法・生蕨早ゆでの法・生子久敷持法・粒胡椒早く粉にする法・豆腐煮てかたまらぬ法

等々や、「蕎麦切」「鶚《ミサゴ》鮓」といった項目もこれにあたる。こうした料理知識は、料理人の基本的な心得ともいうべきもので、古くは『料理物語』にも、「万聞書之部」があり、三十四項目に及ぶ知識が巻末にまとめて記述されている。ところが、両書では独自な項目として他の料理法に交じってバラバラに書き記されている点が特徴であり、〝遊び〟を志向する一方で料理知識の伝達に最大の注意が払われていることにも留意すべきであろう。まさに両書には素人向けの料理本としての特色が如実に示されている。

最後に両書の特色として、収められた料理のうち、極めて古い形を伝えるものと考えられる二つの特徴的な料理について触れておきたい。『料理山海郷』の「砂焼」と『料理珍味集』の「目くり餅」であるが、まず「砂焼」から見てみよう。

砂焼

地を掘、火をたきて砂を敷、しほ水を打、鯛を洗ふて砂の中に入、其上へ砂を置、又塩水をうち、其上にて火をたく也、能蒸やけて後、ほりいだし醤油にてもちゆべし、加味心次第。

これは鯛を焼くのに、砂を用いて蒸し焼きにするものであるが、最も原始的な料理法というべきであろう。中世の成立と思われる『大草家料理書』[13]には、「むじな汁の事、焼皮料理共云」として、

どろ土をゆる〳〵として、能々毛の上を泥にてぬりかくして、ぬか火にて焼候也。焼

様の事、下にぬかを敷、上にも懸て、うむし焼（蒸焼）にして、土をおとし候得者、

毛共に皆土にうつり候……

とあるが、これも同様の料理法と考えられる。

なお『料理山海郷』の丸のままの鯛に赤土を塗って蒸し焼にする「蒸焼」も、同じ系譜に属するものといえよう。そもそも土器や鉄器を用いなくても煮炊きをする方法は古くから存在した。焼石を水の入った穴や竹筒の中に入れて煮たり、魚鳥や獣肉を木の葉などに包んで地中に埋めて、その上で火を焚いて蒸し焼にするなど、旧石器・縄文時代以来の調理法は、サンカなどと呼ばれる山人の間に伝えられたが[14]、これが近世後期の料理本に形を変えて登場していることを、甚だ興味深い事実として指摘しておきたい。

また『料理珍味集』の「目くり餅」も、紙を食べるという点で中世以来の伝統を引くものである。

目くり餅

奉書紙三日ほど水に漬、成ほと能たゝきつぶし、葛を合て味噌汁にてこね、能程に切て、みそ汁にて煮る。此餅を食する者は、年中悪病を除く也。夏土用中に用ゆ。

紙を水に漬け、たたきつぶして葛と合わせ、味噌汁でこねて餅とするもので、夏の土用に食すると万病を除くとしている。紙を食べることについては、『料理山海郷』の「縮軆」でも、紙に軆のすり身をぬって吸物などに用いており、魚肉と一緒に食する例はあるが、「目くり餅」の場合は、紙自体が食品となっている。寛永二十（一六四三）年に刊行された『料理物語』の第十八菓子の部には、次のような記述がある。

杉原もちは、めぐりともいふ。杉原をこまかにむしり、山のいもの葉をゆでゝすぢくきをとり、扨、餅米六分・うる四分のこをこね、ゆにして三色一度によくつきあはせ候。是は六月土用に大臣の参物にても小臣もよし。

杉原とは、播磨国揖東郡杉原村で産する和紙の一種で、厚手の奉書紙に近い。ここでは奉書紙の代わりに杉原紙を用い、山の芋の葉や糯米・粳米の粉を使用している点が異なるが、この杉原餅を「めぐり」と称していることや「六月土用」という記述などが注意をひく。この問題に関して鈴木晋一氏は、『古今著聞集』巻十六の、智了房という人物が写本を頼まれた『古今集』と写すべき料紙を下痢を患ったために紙みそうず（味雑炊）にして食べてしまったという話を紹介した後で、『料理物語』などを引きながら綿密な考証を加え、中世から近世初頭にかけて、公家や武家上層には、夏の土用に「御めぐり」なる紙餅を味噌汁などで食する風習があったことを、明快に指摘されている。[15] どうやら紙を食することで、悪病を払うという信仰が日本中世に存在していたことは事実のようである。紙餅を夏の土用に食するという習慣が、近世後期まで続いたかどうかについては詳かにしえないが、宝暦十四（一七六四）年刊の『料理珍味集』に突然に現われたことは注目に価しよう。

もっとも『料理山海郷』『料理珍味集』に登場する料理自体が、本当に調理可能で、実際に人々に食されていたかどうか、という問題も残る。実際の料理が供されたことの記録である献立と違って、料理本には怪しげな料理も多い。例えば『料理珍味集』の「氷柱吸物」のように、清し汁の中に氷柱の破片を入れるだけという奇を衒ったものもある。とくに近世後期の料理本には〝遊び〟の要素が強く、料理人以外の作者も少なくなかった。ただ『料理山海郷』と『料理珍味集』は、内容からして明らかに料理人の著作であるが、〝遊び〟の要素を前面に出しつつ、食品と料理に関する専門知識を一般の素人読者に披露した点に特徴がある。なかでも最後に検討した「砂焼」と「目くり餅」は、中世以来の古い料理法を伝承したもので、これは著者の博望子が、京都の伝統的な料理界で活躍していた人物であったことを窺わせる。

いずれにしても『料理山海郷』および『料理珍味集』は、料理名に雅名や見立てが多いという点で、これらの〝遊び〟の要素を有する料理本の走りとなった。総じて宝暦〜天明期に、料理書から料理本への転換があったと考えられる。こうした方向性を最も明確に決定づけたのが、天明二（一七八二）年の『豆腐百珍』であった。料理素材を豆腐という一品に限り、百の料理法を提示して、そのバリエーションを楽しんでいる。そして作者は専門の料理人ではなく、儒者で篆刻家の曽谷学川という文人であった。それゆえか巻頭・巻末には、素材とした豆腐に関する文献的知識を網羅するという手の込みようで、味覚のみならず、観念的に料理を楽しむという〝遊び〟を展開している。好評で迎えられた『豆腐百珍』は、その後に相次いで出版される〝百珍物〟の口火を切るもので、料理本の出版は一つのピークを示した[16]。

この『豆腐百珍』は、大坂の書肆藤屋善七が手がけたもので、後に京都、さらには江戸へと販路を拡げた。そして、この成功を承け、専門の料理人と推定される器土堂なる人物を使って、天明五（一七八五）年一斉に刊行されたのが、いくつかの百珍物を含む〝料理秘密箱シリーズ〟である。『鯛百珍料理秘密箱』（鯛百珍）『万宝料理秘密箱前編』（含：卵百珍）『柚珍秘密箱』（柚百珍）『諸国名産大根料理秘伝抄』『大根一式料理秘密箱』（共に大根百珍）『万宝料理献立集』などであるが、これらの版元こそは、『料理山海郷』『料理珍味集』を世に送り出した京都載文堂西村市郎右衛門であった。享保の『料理網目調味抄』以来、料理関係書の出版に独自の位置を誇っていた西村市郎右衛門は、『豆腐百珍』の成功に刺激されて料理本ブームに乗り、〝料理秘密箱シリーズ〟の刊行に踏み切ったものと思われる。

六、テキストの出版とその後

最後に両書のテキストについて触れておきたい。『国書総目録』から次のような版種の存在を知ることができる。

『料理山海郷』
寛延三（一七五〇）年版、五巻五冊本
国立国会図書館・東京家政学院大学・東京大学・岩瀬文庫・大橋図書館・楢著書屋・陽明文庫――以上七点
文政二（一八一九）年版、五巻一冊本
東京家政学院大学・東京大学・東京都立中央図書館加賀文庫・杏雨書屋――以上四点

文政三（一八二〇）年版、五巻一冊本
東京都立中央図書館加賀文庫・大橋図書館——以上二点
刊年不明　五巻一冊本
東京国立博物館——以上一点

『料理珍味集』
宝暦十四（一七六四）年版、五巻五冊本
早稲田大学・東京大学・東北大学狩野文庫・東京都立中央図書館加賀文庫・楢考書屋・慶應義塾大学田村魚菜文庫・御茶ノ水図書館成簣堂文庫・無窮会神習文庫・陽明文庫——以上九点
文政二（一八一九）年版
杏雨書屋——以上一点

このほか大阪女子大学にも文政三年版『料理山海郷』および宝暦十四年版『料理珍味集』がある。また、『食文化に関する文献目録』(17)によれば、寛延刊本『料理山海郷』が魚菜文庫・三康図書館・金沢市大友楼・味の素食の文化センターにあり、『料理珍味集』の宝暦刊本が杏雨書屋にあるほか、金沢市大友楼・味の素株式会社・大江文庫にもあるとされている。以上が刊本であるが、『料理珍味集』については、筑波大学および東北大学狩野文庫に写本が現存するほか、東京都立中央図書館加賀文庫には、横帳体裁三六丁の手写本「料理珍味抄並漬物四季献立」[18]があり、本書および『豆腐百珍』等からの抜粋が行なわれている。

このほかにも両書の版本もしくは写本が私蔵されている可能性も高いが、現在のところ、『料理山海郷』版本十九点、『料理珍味集』版本十五点・写本二点・抄出写本一点の存在が知られることになる。なお活字本については、古くは『料理山海郷』が、『校註料理大鑑』[19]第二巻・『日本料理大鑑』[20]第二巻、『料理珍味集』が、『校註料理大鑑』第十四巻・『日本料理大鑑』第三巻に収められたが、その後、吉井始子編『〈翻刻〉江戸時代料理本集成』第四巻および奥村彪生編『〈原典現代語訳〉日本料理秘伝集成』[21]第十四巻に両者の翻刻がある。

これらのうち、本書では底本として、『料理山海郷』は寛延三年版の国立国会図書館本を、『料理珍味集』は宝暦十四年版の東京都立中央図書館本を、それぞれ用いた。前者は、大きさ縦一八・五センチ横一二・八センチ、藍色の表紙に子持枠の題簽で「料理山海郷　一（巻数）」と記され、匡郭縦一四・五センチ横一〇・〇センチで、版心に「山海郷　一（巻数）」とある。丁数は、巻一が二十二丁（序二丁・目録四丁・本文十六丁）、巻二・巻三が二十丁（目録四丁・本文十六丁）、巻四が二十一丁（目録四丁・本文十七丁）、巻五が十八丁（目録四丁・

本文十四丁）で、巻五の裏見返しに刊記がある。後者は、大きさ縦一八・二センチ横一二・三センチ、藍色の表紙に子持枠の肌色の題簽で「料理珎味集　一（巻数）」と記され、匡郭縦一四・二センチ横九・九センチで、版心に「珎味集」とある。丁数は、巻一が二十三丁（序二丁・目録五丁・本文十六丁）、巻二・巻三が二十丁（目録五丁・本文十五丁）、巻四が十八丁（目録五丁・本文十三丁）、巻五が十九丁（目録五丁・本文十四丁）で、最終丁に刊記があり、本文との間には界線が引かれている。

ところで、こうした『料理山海郷』と『料理珍味集』を出版した西村市郎右衛門は、先にもみたように、料理本の展開に大きな役割を果たしたが、その後に、この分野で目覚ましい活躍を示したのは、京都の文林堂中川藤四郎である。中川藤四郎は、先にみた藤屋善七の『豆腐百珍』が京都での販路を得るために、西村市郎右衛門とともに尽力した書肆で、料理秘密箱シリーズの諸本の刊記にも名を連ねていたが、寛政年間に至って独自の行動を開始する。寛政七（一七九五）年、中川藤四郎は、器土堂の『鯛百珍料理秘密箱』の版権を、西村市郎右衛門から買い取り、自ら序文を付し、版元となって再版本を刊行した。さらに文政二（一八一九）年には、『料理山海郷』をも買い取って再版するに及んだ。これは、その刊記（加賀文庫本）に、次の如くあることから明らかとなる。

寛延つちのとみの春　　元板
文政二年卯九月　求板
京堀川通六角下ル
中川藤四郎
書林　同所
中川　新七

この再版本では、本文および序文を元版のまま使用し、各巻の目録をまとめて序文の次に二段組で置き、巻末に中川文林堂の出版書目二枚を加えている。この出版書目のうちのほとんどが料理関係書で、『精進料理献立集』『料理指南鈔』『料理調味鈔』『料理山海郷』『料理珍味集』『万宝料理秘密箱』『鯛百珍秘密箱』『柚百珍秘密箱』『大根料理秘伝抄』『素人包丁』『海鰻百珍』『普茶料理抄』『会席料理細工庖丁』などの書名が見え、この段階で中川藤四郎は、料理秘密箱シリーズをはじめとする数多くの料理本の版権を有していたことがわかる。

ここで注意すべきは、『料理山海郷』と『料理珍味集』の版権が共に中川藤四郎の手に移っている点で、『料理珍味集』の刊記についても検討を加えておこう。同書には文政二年版の刊本が杏雨書屋に存在することが知られているが、底本とした東京都立中央図書館本の中川藤四郎と須原屋茂兵衛の両書林による刊記は、文政二年以降のものである可能性が高い。おそらく中川藤四郎は、文政二年の時点で、両書の版権を西村市郎右衛門から譲り受け、両書の再版本を同時に刊行したものと思われる。

中川藤四郎は、寛政から文政にかけて料理本の版権を買い集め、料理専門の書肆としての方向を歩んだ。国立国会図書館蔵の『雪有香蒐集書目』[22]には、江戸時代の版元の出版書目が数多く収められており、京都堀川通六角下ル町、文林堂中川藤四郎のそれには、三十部の書名が掲載されているが、うち二十四部は料理関係書で、先の『料理山海郷』の出版書目に記されたもののほか、『和漢精進料理集』『古今料理集』『江戸料理集』『料理追加集』『料理分類いろは庖丁』『新撰庖丁梯』『献立部類集』『料理卓子式』などを挙げることができる。この出版書目がいつ頃のものか明らかではないが、文政年間以降のものであることに疑いはなく、中川藤四郎はその後も版権を買い集めて、料理本の出版に力を入れ続けたことが窺える。ちなみに、この書籍目録における両書の広告を参考までに掲げておこう。

料理山海郷　会席の趣向面白ものをえらひいだす
料理珍味集　新製色々珍敷つかひかたをいだす

七、写本・貸本と料理文化の展開

こうして『料理山海郷』『料理珍味集』の二書は、版を変えて近世末期まで、初版とは異なった書肆から販売されていたことがわかる。しかし、必ずしも料理本を購入して利用するという読者層ばかりを想定することはできない。今日、われわれが本や論文をコピーするように、しかし昔の人々は時間をかけて書写するという行為を惜しまなかった。

先に本節冒頭で、『料理珍味集』には、「料理珍味抄並漬物四季献立」なる手写本が存在することを記したが、まず両書からいくつかの写本が作成されたことに加えて、夥しい抜書やアレンジが行なわれたことの可能性を考えねばならない。『料理山海郷』の「氷豆腐」と『豆腐百珍』の「凍《こごり》とうふ」とを比べてみよう。

氷豆腐（『料理山海郷』）

豆腐壱丁八つにきり、籠にならべ、煮へ湯をかけ、一夜外へ出し寒気に当、翌るあさ氷りたるを、湯にてたきやはらげ、うへに浮たる時、取上、少し出し、懸、また籠にならべ、毎日ほす也。右、湯てゆに山梔子割入る。虫の用心なり。寒のうち、夜半時分に氷るかよし、宵は悪し。

凍とうふ（『豆腐百珍』）

壱挺を八ツほどに切り、籃にならべ、沸湯をかけ、そとへ出し、極寒天に一夜さらし、翌日、またゆにて烹やはらげ、浮あがるとき、とりあげ、少し圧をかけをき、またかごにならべ、幾日も大《（ママ）》陽にさらす也。○瀹湯に山梔子をわりて入るゝがよし。後に虫はむをふせぐため也。○夜半よりのちにさらすがよし。よひはよろしからず。○又、高野とうふともいふ。

若干の用字・用語の違いはあるが、記述の内容および順序は全く同じといってよい。『豆腐百珍』が『料理山海郷』の記述を直接模倣したかどうかは判断が難しく、共通の出典が存在した可能性も考えられる。当時としては当たり前のことで、さらにいえば『料理山海郷』自体のオリジナリティも疑わしく、さまざまな書物からの部分的な書写やアレンジは、かなり頻繁に行なわれたと考えるべきだろう。『料理山海郷』と『料理珍味集』は、近世後期の料理本としては比較的早い時期に属することから、書き写され続けて料理法もしくは料理知識の普及には、大いに役立ったものと思われる。

これには貸本屋の存在も大きく関係した。近世には新本を販売する本屋の他に、古本を扱う古本屋や、本を貸して見料を取る貸本屋があり、これらを兼ねる者もあった。さらに時代が下れば、地方に行商して歩く本屋も現われ、彼らの営業活動に占める貸本の比重はかなり高かったとされている。[23]今でも村々の旧家を訪ねると、いわゆる地方文書とともに古書籍を伝える場合が多く、近世後期における在村の読書人口はかなりの数に上る。実際に地方文書の中には、私文書のうちに「料理控帳」とも呼ぶべき史料も少なからず存在する。[24]

近世の貸本屋のうち、最も豊富な資料を残した名古屋城下長島町の大野屋惣兵衛は、明和四（一七六七）年の創業と伝え、二万一千冊余に及ぶ蔵書を有したが、これを書き上げた『名古屋大野屋惣兵衛蔵書目録』[25]には三十五種の料理関係書が掲載されており、『料理山海郷』と『料理珍味集』の書名を見出すことができる。他の貸本屋蔵書の全貌は明らかではなく、実態はつかみにくいが、少なくとも名古屋などの大都市では、両書が貸本として多くの読者に読み継がれたが、また村々を回る貸本屋が存在していたことに注目すべきだろう。地方の村々においても貸本を借りて書写し、それをまた書き写すというケースも充分に考えられよう。『料理山海郷』『料理珍味集』などの料理本は、貸本を通じても人々に親しまれており、地方における料理文化の展開にも大きな役割を果たしたのである。

注

（1）原田信男『江戸の料理史』（一九八九年、中公新書）
（2）松下幸子他「古典料理の研究（八）――寛永十三年「料理物語」について」（『千葉大学教育学部研究紀要』三一巻第二部、一九八二年、千葉大学発行）
（3）山東京山『蜘蛛の糸巻』（『百家説林』正編上所収、一八九二年、吉川弘文館刊）
（4）幸田露伴「古今料理書解題」『露伴全集』第四〇巻所収（一九五八年、岩波書店刊）
（5）森末義彰他編『国書総目録』全八巻（一九六三～七二年、岩波書店刊：現在は国文学研究資料館ＨＰ「国書データ」に統合し収録されている）
（6）川上行藏編『料理文献解題』（一九七八年、柴田書店刊）の吉川誠次担当解説。
（7）樋口秀雄・朝倉治彦共編『〈享保以後〉江戸出版書目』（未刊国文資料別巻一、一九六二年、未刊国文資料刊行会刊）
（8）吉井始子編『〈翻刻〉江戸時代料理本集成』全一一巻（一九七八～八一年、臨川書店刊）
（9）矢島玄亮『徳川時代出版者出版物集覧　続編』（一九七六年、万葉堂書店刊）
（10）原田信男『江戸の料理史』（一九八九年、中公新書）
（11）松江重頼編『毛吹草』（一九四三年、岩波書店刊）。なお本書は正保二（一六四五）年の刊行と推定されている。
（12）安田健『江戸諸国産物帳』（一九八七年、晶文社刊）参照のこと。
（13）『大草家料理書』（『群書類従』第一九輯、飲食部所収）

(14) 乙益重隆「山の神話・その他（聞き手・坪井洋文）」（『列島の文化史』第二号、一九八五年、日本エディタースクール出版部発行）
(15) 鈴木晋一「紙を食べる」（『日本歴史』四五二号、一九八六年、日本歴史学会発行）
(16) 原田信男「天明期料理文化の性格——料理本『豆腐百珍』の成立」（『芸能史研究』第七〇号、一九八〇年、芸能史研究会発行）
(17) 味の素株式会社食文化・史料室『食文化に関する文献目録』〈単行本／江戸期〉コンピュータ編集版、第四版（一九八六年、同社食の文化センター発行）
(18) 川上行藏編『料理文献解題』（一九七八年、柴田書店刊）の川上行藏担当解説。
(19) 料理珍書刊行会編『校註料理大鑑』全一九巻（一九一五～一六年、同会刊）
(20) 長谷川青峰編『日本料理大鑑』全一三巻（九巻までで途絶、一九五八年、料理古典研究会刊）
(21) 平野雅章他編『〈原典現代語訳〉日本料理秘伝集成』全一九巻（一九八四～八五年、同朋舎出版刊）
(22) 朝倉治彦監修『近世出版広告集成』第四巻所収（書誌書目シリーズ11、一九八三年、ゆまに書房刊）
(23) 長友千代治『近世貸本屋の研究』一九～八四頁（一九八二年、東京堂出版刊）
(24) 原田信男『江戸の料理史』（一九八九年、中公新書）
(25) 柴田光彦編『大惣蔵書目録と研究——貸本屋大野屋惣兵衛旧蔵書目』（日本書誌学大系27

（1）、一九八三年、青裳堂書店刊）

りゅうがんしゅ（龍眼酒）　91
りゅうがんにく（龍眼肉）　92
りゅうきゅういも（琉球芋）　78・207
りゅうきゅうみつかん（琉球蜜柑）　201
わかさにしんずし（若狭〜鮓）　145
わこくあえ（和国和え）　174
わさびすいもの（山葵吸物）　180
わりのかゆ（割りの粥）　140

みとり　57
みなとどうふ（湊豆腐）　197
みやまだけ（深山茸）　101
むぎじる（麦汁）　130
むくなっとう（～納豆）　180
むくろじ（木欒子）　149
むこうづけ（向付）　201
むしいり（蒸煎り）　158
むしかぶら（蒸し蕪）　203
むしやき（蒸し焼）　68
めくりもち（目～餅）　170
めぐろ（目黒）　99
　～淡雪　99
めだけ（女竹）　80
もうお（藻魚）　108
もくずやき（藻屑焼）　55
もちはなびら（餅花～）　36
もみじはまぐり（紅葉蛤）　144
もみだいこん（～大根）　206
もみふ（～麩）　179
もやしな（～菜）　82
もりわけあえ（盛分和え）　92

や

やきあわび（焼き鮑）　148
やきじおのはなじお（焼き塩の花塩）　27
やきしらうお（焼き白魚）　90
やきだこ（焼き蛸）　199
やきだし（焼出し）　186
やきふ（焼き麩）　101
やきゆべし（焼き柚餅子）　74
やまといも（大和芋）　83
やわたぐき（八幡茎）　59
やわたごぼう（八幡牛蒡）　59
ゆきこがし（雪～）　85
ゆきみとり（雪見とり）　43
ゆでんがく（柚田楽）　40
ゆとじ（湯～）　65
ゆねり（柚練り）　70
ゆはんぺい（湯～）　142
ゆりじる（～汁）　124
よくいにん（薏苡仁）　96
よごれづけ（～漬）　22
よしのがわ（吉野川）　178
よせかも（寄せ鴨）　32
よせとっさか（寄せ鶏冠）　122

ら・わ

らんか（蘭花）　68
りきゅうひしお（利休醤）　63

ほしうり（干し瓜） 52
ほしだいこんあえ（干し大根和え） 142
ほしなす（干し茄子） 183
ほしなたまめ（干し刀豆） 203
ほしまつたけ（干し松茸） 132
ぼたんもち（牡丹餅） 84
ほねぬきかも（骨抜き鴨） 45
ほねぬきはも（骨抜き鱧） 75
ほやのり（～海苔） 44
ほりかわごぼう（堀川牛蒡） 128
ほろ（法論） 200

ま

まがいどうふ（紛い豆腐） 147
まきずし（巻鮓） 40
まきむき（巻～） 37
まげかまぼこ（曲げ蒲鉾） 151
まちかね（待ち～） 30
まつかさどうふ（松笠豆腐） 160
まつかぜ（松風） 28
まつぎどうふ（松木豆腐） 185
まつたけはやずし（松茸早鮓） 146
ままこ（継粉） 78
まめ（豆）
　～の粉和え 67
　～のごう 103
　～の葉 153
まわしむき 37
まんじゅうてんしん（饅頭点心） 138
まんぷくじ（万福寺） 86
みかさみそ（三笠味噌） 98
みかんなます（蜜柑膾） 125
みさごずし（鶚鮨） 137
みしなづけ（三品漬） 86
みしまだいこん（三嶋大根） 143
みず 140
みそがい（味噌貝） 47
みぞしりむし（溝～蒸） 186
みそにぶな（味噌煮鮒） 105
みそまつかぜ（味噌松風） 27
みそやき（味噌焼き） 66
みつばめし（三つ葉飯） 190
みつやまづけ（三ツ山漬） 33

81
はやびわ（早枇杷） 23
はやもち（早餅） 27
はやゆべし（早柚餅子） 91
はるこまどうふ（春駒豆腐）
127
はるのゆき（春の雪） 192
はん（パン） 208
はんべい 142
ひきじる（引汁） 137
ひきちぎり（引き〜） 112
ひきめし（引き飯） 85・197
ひきもの（引物） 35
ひく（引く） 97
ひしに（〜煮） 64
ひぜんていかに（肥前定家煮） 176
ひのに（日野煮） 26
ひばりこかしじる（雲雀〜汁） 143
ひやゆどうふ（冷湯豆腐）
164
ひょうごに（兵庫煮） 125
ひらもの（平物） 48
びりじ 181
びりんず（美淋酢） 23
ふかみぐさ（深身草） 200
ふきあえ（蕗和え） 20
ふきあげ（吹上げ） 21
ふきみそ（蕗味噌） 20
ふくさあえ（〜和え） 202
ふくさいも（〜芋） 199
ふくろたまご（袋玉子）
51・55・208
ふくろなす（袋茄子） 21
ふじあえ（富士和え） 163
ふじいろめし（藤色飯） 150
ふすべせんのう 172
ふたたびやき（二度焼） 190
ふのやき（麩の焼） 62
〜蕎麦 104
ふはんぺん（麩〜） 83
ふろふき（風呂吹き） 178
ふわふわ 21
ぶんごうめ（豊後梅） 72
ぶんどう 75・163
〜もやし 163
べたじる（〜汁） 135
べに（紅） 61
ほあて（火当て） 19
ほいろ（焙炉） 31
ほうしょがみ（奉書紙） 170
ほうはん（芳飯） 129
ぼうぶら 178
ほうろく（焙烙） 161
〜鮑 161
ほおばみそ（朴葉味噌） 63
ほくこうらい（北高麗） 83

なんばんに（南蛮煮） 112
なんばんみそ（南蛮味噌） 84
なんぶがい（南部貝） 59
にあえ（煮和え） 126
にざんしょう（煮山椒） 31
にし（辛螺） 62
～汁 62
にしきがさね（錦重ね） 148
にしきだい（錦鯛） 90
にしきたまご（錦玉子） 64
にしきゆべし（錦柚餅子） 61
にっけい（肉桂） 166
にでんがく（煮田楽） 150
になます（煮膾） 25
にぬきたまご（煮～玉子） 121
にんにくじる（～汁） 155
ねじだい（捻鯛） 169
ねぶか（根深） 127
ねりものや（練り物屋） 195
ねんぶつじる（念仏汁） 172
のっぺい（濃餅） 119
のりゆべし（海苔柚餅子） 71

は

ばいにんとう（梅杏糖） 93
はかりくじら（～鯨） 193
はくばいしゅ（白梅酒） 123
はじきいも（～芋） 61
はっぽうさい（八方菜） 135
はなおちのみ（花落の実） 121
はながすみ（花霞） 186
はなじお（花塩） 26
はなびしがゆ（花菱粥） 54
はなまつたけ（花松茸） 90
はなみょうが（花茗荷） 188
はぬけどり（羽ぬけ鳥） 64
はまたたき（浜叩き） 66
はまみやげ（浜土産） 201
はむし（葉蒸し） 125
はやあおまめ（早青豆） 205
はやあまざけ（早甘酒） 85
はやいか（早烏賊） 141
はやうど（早独活） 89
はやうどん（早～） 36
はやくず（早葛） 77
はやくずきり（早葛切り） 68
はやざんしょうのめ（早山椒の芽） 59
はやじゅんさい（早～） 108
はやずし（早鮓） 41
はやにうめ（早煮梅） 124
はやぬかみそ（早糠味噌）

～湯　196
～煮ても固まらない方法
193
どうみょうじ（道明寺）
～粉　42
～香の物　42
～糒　42・197
とさかのり（鶏冠海苔）
44・57
とさこ（土佐粉）86
とさぶ（土佐麩）111
どぞうに（土蔵煮）62
とっさか　44・57
とびだんご（飛び団子）130
どぶ　29
～汁　29
とりこ（取り粉）110
とりざかな（取肴）35
とりゆ（～湯）191
とろろじるのあたためかた
（～汁の温め方）123

な

ながさき（長崎）
～打鯛　119
～ケンチェン　162
～ごた煮　199
～パスデイラ　143
～麻麩　182
～マントウス　208
ながとぜにづけ（長門銭漬）
131
なげづくり（投造り）200
なす（茄子）
～おろし汁　136
～団子　193
～てんぷら　164
～味噌　116
なたまめ（刀豆）204
なちがつお（那智鰹）206
なにわづ（難波津）77
なのかみそ（七日味噌）198
なのりそ（莫鳴草）165
なまこのもたせかた（海鼠～
方）161
なまわらびはやゆでのほう
（生蕨早～法）148
なみよせ（浪寄せ）197
なもり（菜盛）145
ならなめし（奈良菜飯）177
なるとに（鳴門煮）191
なんきんじる（南京汁）20
なんきんはまぐり（南京蛤）
128
なんぜんじざんしょう（南禅
寺山椒）41
なんちんどうふ（～豆腐）
154

たんごしおびき（丹後塩引き） 45
ちくまたまご（筑間玉子） 48
ちくまなべ（筑摩鍋） 48
ちちぶでんがく（秩父田楽） 32
ちぢみあわび（縮み鮑） 187
ちぢみいも（縮み芋） 189
ちぢみはも（縮み鱧） 98
ちどり（千鳥） 22
ちゃきんどうふ（茶巾豆腐） 89
ちゃのみみそ（茶の実味噌） 177
ちゃのわかめ（茶の若芽） 200
ちゃやどうふ（茶屋豆腐） 143
ちゃわんむし（茶碗蒸） 77
ちゅうやいも（昼夜芋） 168
ちょうじ（丁子） 166
ちょうせんやき（朝鮮焼） 196
ちょく（猪口） 97
ちろり 208
つくねいも（仏掌薯） 91
つつみみそ（包み味噌） 100
つとどうふ（苞豆腐） 64
つぶこしょうをはやくこにするほうほう（粒胡椒を早く粉にする方法） 179
つぼぬき（坪抜き） 158
つむぎ 40
　～汁 40
つゆこ（露子） 104
つららのすいもの（氷柱の吸物） 189
つりだい（釣鯛） 60
つりやき（釣り焼） 156
ていかかまぼこ（定家蒲鉾） 102
ていかめし（定家飯） 158
てまりこんぶ（手鞠昆布） 202
てらだこどうふ（寺田粉豆腐） 202
てんしん（点心） 207
てんのうじきんとう（天王寺錦洞） 149
てんもんどう（天門冬） 189
とうこうみそ（桃香味噌） 87
とうのいも（唐の芋） 81
とうふ（豆腐）
　～一丁の値段 65
　～香の物 20
　～漬物 67

すみやまづけ（角山漬） 61
すみれ（菫菜） 133
せいがいどうふ（青海豆腐） 159
せいごう（精好） 86
せいろう（蒸籠） 42
せきしょう（石菖） 209
せとめし（瀬戸飯） 128
せり（芹）
～漬 126
～焼 37
せんだい（仙台）
～煮 18
～冷し物 97
せんたくどうふ（洗濯豆腐） 71
せんまいづけ（千枚漬） 35
そうめんどうふ（素麵豆腐） 100
そししゅ（蘇子酒） 102
そばきり（蕎麦切り） 65
そばねり（蕎麦練り） 80

た

たい（鯛）
～子籠 70
～白子 79
～飯 171
だいこん（大根）
～浅漬 50
～糠漬 51
だいなごん（大納言） 109
たかべ（鰖） 45
たけのこじる（竹の子汁） 160
たこ（蛸）
～氷煮 105
～鱠 164
～浸し物 106
だしくずし（出し崩し） 184
ただいも（～芋） 197
たたきごぼう（～牛蒡） 195
たづくり（田作り） 166
～和え 166
たつたがわ（龍田川） 83
たでづけ（蓼漬） 178
たまご（玉子）
～煎酒 25
～煎出し 105
～蕎麦切り 93・209
～田楽 47
～麩の焼 104
～餅 192
～湯葉 184
たますだれすいもの（玉簾吸物） 148
たまり（溜り） 18
たれみそ（垂れ味噌） 31

しなののうめぼし（信濃の梅干） 81
しばづけ（柴漬） 188
しめじたまご（〜玉子） 138
しもふり（霜降り） 24
じゅうはちささげ（十八大角豆） 174
しょうがまつたけ（生姜松茸） 54
しょうじん（精進）
〜鮑 204
〜飯蛸 113
〜雲丹 154
〜皮鯨 79
〜銀鰆 74
〜玉子 188
〜鱠 105
〜はんぺい 207
〜身鯨 79
じょうしんづけ（常心漬） 49
しょうゆめし（醤油飯） 162
しょうろもどき（松露〜） 167
しょよめん（薯蕷麺） 205
しらあえ（白和え） 187
しらうお（白魚）
〜蒲鉾 73
〜保存の仕方 101
しらがどうふ（白髪豆腐） 84
しらたまやき（白玉焼） 33
しろごぼう（白牛蒡） 186
しろこんぶ（白昆布） 152
しろでんがく（白田楽） 122
しろみず（白水） 43・82
しろれんこん（白蓮根） 192
しんせい 58
〜椎 58
しんせいきんざんじみそ（新製径山寺味噌） 93
すいかとう（西瓜糖） 100
ずいきづけ（〜漬） 81
すいくち（吸口） 153
すいのう（水嚢） 54
すかんぴょう（酢〜） 204
すじこ（筋子） 29
すしちまき（鮓粽） 41
すずきのさけやき（鱸の鮭焼） 124
ずずへい 51
すすりだんご（〜団子） 182
すだいこん（酢大根） 183
すだれぼね（〜骨） 46
すづけ（酢漬） 34
すなやき（砂焼） 56
すはま（洲浜） 55
〜玉子 55

ごまどうふ（胡麻豆腐） 182
ごみ（五味） 17

さ

さいしんじょう（再糝薯） 90
さおもの（棹物） 42
さかたかゆづけ（酒田粥漬） 140
さかめし（酒飯） 161
ざくろ（柘榴） 109
さけはやずし（鮭早鮓） 106
さけびたしやき（酒浸し焼） 104
さしこみ 146
さしさば（刺鯖） 33
さつますみれ（薩摩～） 132
さとう（砂糖）
～梅 72
～牛蒡 128
～麩 34
さなご 53
さばずし（鯖鮓） 109
さばめたたきず（鯖目～酢） 88
さらしえび（晒し海老） 44
さらししょうが（晒し生姜） 99
さらします（晒し鱒） 129
さんがつだいこん（三月大根） 183
さんすいそうめん（～素麵） 127
さんばいづけ（三杯漬） 169
さんばんてんしん（三番点心） 206
しあんぶ（思案麩） 111
しおがまやき（塩釜焼） 158
しおから（塩辛）
～汁 102
～の加減 53
しおすじこ（塩筋子） 28
しおだこうしおに（塩蛸潮煮） 122
しがらきあえ（信楽和え） 123
しきがつお（敷き鰹） 197
じきがつお（直鰹） 197
しきたけ（四季茸） 41
しきねりざけ（敷ねり酒） 125
しきふきのとう（四季蕗の薹） 173
しそ（紫蘇）
～気点 80
～酒 72
～蒸 155
しっぽく（卓袱） 184

ぎょちょうみそ（魚鳥味噌）25
きらず（雪花菜）79
きりざんしょう（切り山椒）67
きんこ（金海鼠）75
きんざんじ（径山寺）95
〜味噌 93
きんちゃく（巾着）48
〜柚 48
ぎんひれ（銀鰭）74
くきなます（茎鱠）56
くきのしる（〜汁）196
くしがい（串貝）132
〜早煮 132
くじら（鯨）
〜仕立て 167
〜蕎麦切り 193
くずすいもの（葛吸物）57
くにいし（九二〜）97
くまがいでんがく（熊谷田楽）66
くもかけどうふ（雲〜豆腐）126
くるみず（〜酢）101
くろがも（黒鴨）64
くろまめじる（黒豆汁）187
くわなしぐれはまぐり（桑名時雨蛤）18
けいとうかいしき（鶏頭改敷）200
げんじがき（源氏柿）169
ケンチェン（巻繊）163
こうえつに（光悦煮）26
こうじばな（麴花）30
こうしゅううちぐり（甲州打栗）43
こうたけ（香茸）92
こうち（交趾）166
〜味噌 166
こうとう（香頭）54
こおりどうふ（氷豆腐）69
こきどじょう（〜鰍）66
ごぎょう（五行）17
こけむし（苔蒸）173
こしき（甑）30
こしょうめし（胡椒飯）119
ごだん（後段）182
こづけだら（子漬鱈）70
ごとく（五徳）60
ことぐさすいもの（言種吸物）188
ことのね（琴の音）34
こねりがき（木練柿）169
このはな（此花）121
こはくとう（琥珀糖）87
ころもで（衣手）167
ごまあえ（胡麻和え）144

かけやき（掛け焼） 172
かごすぼし（籠簀干し） 91
かさがみ（傘紙） 30
かしゅうふのやき（何首烏麩の焼） 62
かすがみそ（春日味噌） 103
かすに（粕煮） 203
～もどき 78
かすはまぐり（粕蛤） 69
かつお（鰹）
～刺身 86
～水出し 80
かながしら（金頭） 172
かぶら（蕪）
～田楽 61
～味噌 174
かまぼこ（蒲鉾） 74
～豆腐 146
かみ（紙） 98
かもうり（加茂瓜） 202
～甘酒 202
かもかぶら（鴨蕪） 84
かや（榧）
～酒 35
～人参 131
～味噌 72
かやく（加薬） 24
からくさもどき（唐草～） 176
からざけずし（干鮭鮓） 165
からずり 27
からでんがく（唐田楽） 133
からに（唐煮） 179
かれいあえ（～和え） 185
かんざらしこ（寒晒粉） 22
かんしんじこ（勧心寺粉） 22
かんのんきょう（観音経） 57
ききょうたまご（桔梗玉子） 120
ききょうみそ（桔梗味噌） 205
きく（菊） 32
～閉じ 32
～の葉改敷 160
～よう 93
きくようしゅ（菊葉酒） 113
きしめん（～麺） 46
きず（木酢） 151
きせわた（着勢綿） 203
きつきなっとう（～納豆） 92
きてんすいもの（気転吸物） 204
きなんせい（寄楠生） 129
きよあん（清餡） 58
きょくすい（曲水） 192

うどん（温飩） 46
～鮑 147
うなぎじる（鰻汁） 157
うにたまご（雲丹玉子） 184
うめがか（梅が香） 26
うめづけ（梅漬） 110
うるか（江豚） 52
うるめ（潤目） 82
～蒲鉾 82
うわおき（上置き） 24
えちごさけしおびき（越後鮭塩引き） 28
えちぜん（越前）
～いり和え 25
～沖鱠 121
えどもち（江戸餅） 181
えび（海老）
～和え 155
～かね 24
～たたき 176
えびら（箙） 112
～豆腐 112
おうしゅうに（奥州煮） 19
おうばくいりだし（黄檗煎出し） 85
おうみ（近江）
～蕪 84
～蕪丸漬 196
～ころ煮 142
～醒井餅 39
～野田餅 155
おおはらづと（大原苞） 152
おおむぎまずき（大麦～） 63
おがい（男貝） 47
おきさわら（沖鰆） 173
おきなます（沖鱠） 19・122
おぐら（小倉） 136
～田楽 135
おでんひがく 36
おとし 204
おのころじま（磤馭盧嶋） 131
オランダみそ（阿蘭陀味噌） 54
おりがた（折形） 138
おりべみそ（織部味噌） 44
おろしあわび（～鮑） 189

か

かいしき（掻敷） 24・160
かおりず（香織酢） 151
かきこうのもの（柿香の物） 99
かきめし（牡蠣飯） 135
かくれざとすいもの（隠れ里吸物） 145
かげ 191

あわ（粟）
～香の物　67
～包み　34
～巻　71
～松茸　170
～柚餅子　56
あわこ（～子）　52・79
あわせゆどうふ（合せ湯豆腐）　145
あわびまるやき（鮑丸焼）　60
いかき（笊籬）　18・78
いかなご（玉筋魚）　96
～醬油　96
いがみ　50
～和え　49
いくよいも（幾世芋）　151
いこくゆば（異国湯葉）　171
いし　97
いじる（～汁）　146
いせあかみそ（伊勢赤味噌）　29
いせどうふ（伊勢豆腐）　170
いちごじる（苺汁）　126
いちばんしょうゆのみ（一番醬油の実）　110
いちもんじ（一文字）　149
いちやざけ（一夜酒）　98
いなばかにびりじ（因幡蟹～）　181
いも（芋）
～蒲鉾　182
～香の物　40
～揃え　185
～豆腐　167
～餅　144
～柚餅子　42
いりかす　193
いりざけ（煎酒）　23
いりまつたけ（煎り松茸）　156
いわし（鰯）
～汁　22
～鮓　109
～飯　195
いんすじる（～汁）　108
ういきょう（茴香）　95
うきふ（浮麩）　58
うきようどん（浮世～）　106
うじがわ（宇治川）　171
うじまる（宇治丸）　150
うすこうばい（薄紅梅）　102
うすみどり（薄～）　68
うずわ　159
～はんぺい　159
うちぐり（打栗）　43
うちどぞう（内土蔵）　173
うどやき（独活焼）　37

索　引

索引項目は、本文中に説明のあるものと注の見出し語を主に選んだ。項目はひらがなで表示し、（　）内に該当する漢字を入れた。玉子などの材料名、長崎などの地名などでくくれる項目は、便宜的に一括して載せた。

あ

あおあえ（青和え）　141
あおきざみこんぶ（青刻み昆布）　149
あおちゃすいもの（青茶吸物）　153
あおどり（青〜）　151
あおのりがゆ（青海苔粥）　168
あおはたまめ（青〜豆）　161
あかいわし（赤鰯）　22
あかがいにんじん（赤貝人参）　183
あきたふすべせんのう（秋田〜）　172
あきたみずだんご（秋田水団子）　153
あげごぼう（揚げ牛蒡）　171
あげでんがく（揚げ田楽）　50・200
あげふ（揚げ麩）　103
あげやき（揚げ焼）　141
あさうり（〜瓜）　53
あさじ（浅茅）　110
あじ（鵤）　45
あしらい　160
あちゃらづけ（阿茶羅漬）　88
あぶらあげず（油不揚）　37
あぶらぬき（油抜き）　187
あべどうふ（安部豆腐）　152
あまざけづけ（甘酒漬）　66
あままい（甘〜）　201
あまみそ（甘味噌）　183
あみがさゆ（網笠油）　181
あめ（飴）　198
あめのうお（江鮭）　142
あゆ　141
あられそばきり（霰蕎麦切り）　136
あられどうふ（霰豆腐）　175

本書は一九八八年八月に教育社から刊行された『料理山海郷』を増補・改訂の上、文庫化したものである。

解説 徒然草 橋本武

『銀の匙』の授業で知られる伝説の国語教師が、「徒然草」より珠玉の断章を精選して解説。その授業実践が凝縮された大定番の古文入門書。（齋藤孝）

解説 百人一首 橋本武

灘校を東大合格者数一に導いた橋本武メソッドの源流と実践がすべてわかる！ 名文を味わいつつ、語彙や歴史も学べる名参考書文庫化の第二弾！

江戸料理読本 松下幸子

江戸時代に刊行された二百余冊の料理書の内容と特徴、レシピを紹介。素材を生かし小技をきかせた江戸料理の世界をこの一冊で味わい尽くす。（福田浩）

萬葉集に歴史を読む 森浩一

古の人びとの愛や憎しみ、執念や悲哀。萬葉集には、数々の人間ドラマと歴史の激動が刻まれている。考古学者が大胆に読む、躍動感あふれる萬葉の世界。

ヴェニスの商人の資本論 岩井克人

〈資本主義〉のシステムやその根底にある〈貨幣〉の逆説とは何か。その怪物めいた謎をめぐって、明晰な論理と軽妙な洒脱さで展開する諸考察。

現代思想の教科書 石田英敬

今日我々を取りまく〈知〉は、4つの「ポスト状況」から発生した。言語、メディア、国家等、最重要論点のすべてを一から読む！ 決定版入門書。

記号論講義 石田英敬

モノやメディアが現代人に押しつけてくる記号の嵐。それに飲み込まれず日常を生き抜くには？ 東京大学の講義をもとにした記号論の教科書決定版！

プラグマティズムの思想 魚津郁夫

アメリカ思想の多元主義的な伝統は、九・一一事件以降変貌してしまったのか。「独立宣言」から現代のローティまで、その思想の展開をたどる。

増補 女性解放という思想 江原由美子

「女性解放」はなぜ難しいのか。リブ運動への揶揄を論じた「からかいの政治学」など、運動・理論における対立や批判から、その困難さを示す論考集。

十五年戦争小史　江口圭一

たべもの起源事典　日本編　岡田哲

ラーメンの誕生　岡田哲

京の社　岡田精司

山岡鉄舟先生正伝　小倉鉄樹／石津寛／牛山栄治

士（サムライ）の思想　笠谷和比古

戦国乱世を生きる力　神田千里

三八式歩兵銃　加登川幸太郎

増補改訂　帝国陸軍機甲部隊　加登川幸太郎

満州事変、日中戦争、アジア太平洋戦争を一連の「十五年戦争」と捉え、戦争拡大に向かう曲折にみちた過程を克明に描いた画期的通史。（加藤陽子）

駅蕎麦・豚カツにやや珍しい郷土料理、レトルト食品・デパート食堂まで。広義の〈和〉のたべものと食文化事象一三〇〇項目収録。小腹のすく事典！

中国のめんは、いかにして「中華風の和食めん料理」へと発達を遂げたか。外来文化を吸収する日本人の情熱と知恵。丼の中の壮大なドラマに迫る。

旅気分で学べる神社の歴史。この本を片手に京都の有名寺社を巡れば、神々のありのままの姿が見えてくる。（佐々田悠）

鉄舟から直接聞いたこと、同時代人として見聞きしたことを弟子がまとめた正伝。江戸無血開城の舞台裏など、リアルな幕末史が描かれる。（岩下哲典）

中世に発する武家社会の展開とともに形成された日本型組織。「家（イエ）」を核にした組織特性と派生する諸問題について、日本近世史家が鋭く迫る。

土一揆から宗教、天下人の在り方まで、この時代の現象はすべて民衆の姿と切り離せない。「乱世の真の主役としての民衆」に焦点をあてた戦国時代史。

旅順の堅塁を白襷隊が突撃した時、特攻兵が敵艦に突入した時、日本陸軍は何をしたのであったか。元陸軍将校による渾身の興亡全史。（一ノ瀬俊也）

第一次世界大戦で登場した近代戦車。本書はその導入から終焉を詳細史料と図版で追いつつ、世界に後れをとった日本帝国陸軍の道程を描く。（大木毅）

バルトーク音楽論選　ベーラ・バルトーク　伊東信宏／太田峰夫訳

中・東欧やトルコの民俗音楽研究、同時代の作曲家についての批評など計15篇を収録。作曲家バルトークの多様な音楽活動に迫る文庫オリジナル選集。

古伊万里図鑑　秦　秀雄

魯山人に星岡茶寮を任され柳宗悦の蒐集に一役買った稀代の目利き秦秀雄による究極の古伊万里鑑賞案内。限定五百部の稀覯本を文庫化。（勝見充男）

新編　脳の中の美術館　布施英利

「見る」に徹する視覚と共感覚に訴える視覚。ヒトの二つの視知覚形式から美術作品を考察する、芸術論へのまったく新しい視座。（中村桂子）

秘密の動物誌　フォンクベルタ／フォルミゲーラ　荒俣宏監修　管啓次郎訳

光る象、多足蛇、水面直立魚——謎の失踪を遂げた動物学者によって発見された「新種の動物」とは。世界を騒然とさせた驚愕の書。（茂木健一郎）

ブーレーズ作曲家論選　ピエール・ブーレーズ　笠羽映子編訳

現代音楽の巨匠ブーレーズ。彼がバッハ、マーラー、ケージなど古今の名作曲家を個別に考察した音楽論14篇を集めたオリジナル編集。

図説　写真小史　ヴァルター・ベンヤミン　久保哲司編訳

写真の可能性と限界を考察し初期写真から同時代の作品まで通観した傑作エッセイ「写真小史」と、関連の写真図版・評論を編集。（金子隆一）

フランシス・ベイコン・インタヴュー　デイヴィッド・シルヴェスター　小林　等訳

二十世紀を代表する画家ベイコンが自身について語った貴重な対談録。制作過程や生い立ちのことなど。『肉への慈悲』の文庫化。（保坂健二朗）

ニューメディアの言語　レフ・マノヴィッチ　堀　潤之訳

新旧メディアの連続と断絶。犀利な視線でニューメディアの論理を分析し、視覚文化の変貌を捉える。マクルーハン以降、最も示唆に富むメディア史。

花鳥・山水画を読み解く　宮崎法子

中国絵画の二大分野、山水画と花鳥画。そこに託された人々の思いや夢とは何だったのか。豊饒な作品世界を第一人者が案内する。サントリー学芸賞受賞。

ちくま学芸文庫

料理山海郷《りょうりさんかいきょう》／料理珍味集《りょうりちんみしゅう》

二〇二五年五月十日　第一刷発行

著　者　博望子（はくぼうし）

訳　者　原田信男（はらだ・のぶを）

発行者　増田健史

発行所　株式会社　筑摩書房

東京都台東区蔵前二―五―三　〒一一一―八七五五

電話番号　〇三―五六八七―二六〇一（代表）

装幀者　安野光雅

印刷所　三松堂印刷株式会社

製本所　三松堂印刷株式会社

ISBN978-4-480-51254-3 C0121